U0932331

红烧土遗址保护技术研究初探

河南省文物考古研究院　编
闫海涛　著

科学出版社
北京

内 容 简 介

本书是关于红烧土类考古遗址保护和研究的专著，包括红烧土遗址和遗迹的概念及在我国的分布，几个典型红烧土遗址概况及病害调查，红烧土遗迹、遗物的特性及病害原因分析，红烧土类文物加固材料的初步选择，加固保护材料的适应性研究，现场实验，结论与讨论共七章内容。遍布我国境内的考古遗址是我国文化遗产的重要组成部分，多数具有很高的历史、艺术和科学价值，这些遗址中有些残留有人类用火痕迹的过火红烧土文物。由于红烧土本身的特性，在各种自然因素作用下表现出特殊的风化状态，甚至较未过火的部分风化更快，保护难度更大，需要进行保护研究。通过实地调查和对几个典型遗址的取样分析，总结了红烧土类文物的病害状况和特征；为深入了解土过火的变化，模拟制备了一批100—900℃温度梯度下的红烧土样品，并进行了相关检测。结合遗址样品和模拟样品的分析结果，对红烧土类文物的病害原因进行了探讨；鉴于过火红烧土某些情况下容易粉化的特点，得出了必须进行化学加固才能进行保护的结论，为有效保护这类文物提供了依据。

本书可供从事遗址保护及相关学科的研究者和大专院校相关专业师生阅读、参考。

图书在版编目（CIP）数据

红烧土遗址保护技术研究初探 / 河南省文物考古研究院编；闫海涛著. —北京：科学出版社，2022.11

ISBN 978-7-03-073791-5

Ⅰ. ①红… Ⅱ. ①河… ②闫… Ⅲ. ①土质－文化遗址－文物保护－研究－中国 Ⅳ. ① K878.04

中国版本图书馆CIP数据核字（2022）第220320号

责任编辑：张亚娜 闫广宇 / 责任校对：张亚丹

责任印制：肖 兴 / 封面设计：金舵手世纪

科学出版社 出版

北京东黄城根北街16号

邮政编码：100717

http://www.sciencep.com

北京九天鸿程印刷有限责任公司 印刷

科学出版社发行 各地新华书店经销

*

2022年11月第 一 版 开本：787×1092 1/16

2022年11月第一次印刷 印张：14 1/4

字数：287 000

定价：228.00 元

（如有印装质量问题，我社负责调换）

序

土建筑遗址，是人类历史上遗存下来的，以生土、红烧土等为主要材料或载体建造的具有历史、艺术和科学价值的建筑遗址，其主要建造方法有夯筑、土坯砌筑、垛泥砌筑、木骨泥墙、生土挖造，以及有意或无意火烧土等，涉及古文化遗址、古墓葬、古建筑和壁画等多种文物品类。我国是土遗址大国，各种类型土遗址在全国各地均有分布，尤以西北干旱地区分布、保存得最为集中和典型。因其历史悠久，类型丰富，形式多样，价值重大，土遗址历来是我国文物保护的重点工作对象之一。

自20世纪60年代起，国际文保工作者就开始了对土遗址保护的探索，并成立了国际土建筑遗址保护研究机构——国际古迹遗址理事会（International Council on Monuments and Sites，ICOMOS）土遗址保护专业委员会。20世纪80年代，我国开始关注这一领域，并探索性地开展土遗址保护工作。到21世纪初期，我国土遗址保护体系基本完善，以敦煌研究院王旭东、李最雄为代表的团队，在土遗址保存状况评估、破坏机理及影响因素分析、保护理论、保护原则、保护材料、保护技术、保护方法，以及保护效果监测评估等方面，构建了具有我国特色的土遗址保护体系。其中，2006年至2008年实施的丝绸之路新疆段——交河故城（土遗址）抢险加固工程（一期）作为这一体系的应用示范，在我国土遗址保护进程中具有标志性意义。

红烧土遗址是土遗址中的特殊类型，有些红烧土遗址为古人营建之时有意为之，比如内蒙古赤峰市二道井子红山文化遗址等，体现古人的营建理念和科学探索；更多的则是烧制类红烧土遗址、古人生产或生活用火的红烧土遗址，以及重要事件变故红烧土遗址等，均具有极高的历史、艺术和科学价值。红烧土遗址文物留存久远，分布广泛，类型众多，在遗址结构特征、矿物组分特征，以及保存状况特征、病害类型等方面具有特殊性。考古遗址出土的红烧土遗址，揭露后因环境变化，极易出现酥粉、开裂、坍塌、可溶盐结晶等风化破坏病害，亟需采取应急性及长效性的保护措施，保护难度大。然而，目前学界对考古遗址出土红烧土遗址的保护鲜有研究，相关成果匮乏，亟需深化专项保护技术研究。

海涛同志师从北京大学周双林教授，在土遗址保护研究领域打下了深厚的理论基础，就职河南省文物考古研究院后，通过多项红烧土遗址保护研究与保护实地工作的锻炼，具备了较强的科学研究能力，实践经验丰富，并取得了丰硕的研究成果。目前，他正在复旦大学攻读博士，为学术发展规划了更高的目标。《红烧土遗址保护技术研究初探》既是他对自身多年来保护成果的梳理和凝练，也是其学术发展规划的新起点。

《红烧土遗址保护技术研究初探》研究成果，具有重要的学术研究和实践指导意义。作者在实地调查和大量样品分析的基础上，深入地对红烧土物理化学性能、病害机理与原因等方面进行了研究，总结了红烧土类文物的病害状况和特征，并结合遗址样品和模拟样品的分析结果，对红烧土类文物的病害原因进行了探讨。针对过火红烧土某些情况下容易粉化的保护难点，为深入了解土过火过程中的变化，模拟制备了一批100—900℃温度梯度下的红烧土样品，并进行了相关检测和对比分析；在遵循文物保护原则、学习借鉴国内外无机质文物保护成果的基础上，选择有机硅、聚氨酯和丙烯酸非水分散体等材料作为红烧土类文物加固保护的备选材料。首先经过初步材料筛选，对这些材料加固的样品进行色差、抗压强度、耐冻融、耐盐析和材料分布等检验，发现500E、31J和聚乙烯醇缩丁醛三种材料在保护中有好的效果。然后采用上述材料对几个典型遗址的模拟红烧土样品进行了进一步实验，在大河村遗址、钧窑遗址、牛河梁遗址和兵马俑遗址区或附近采集与遗址红烧土相似的生土，经过处理后在不同的温度下模拟焙烧样品，有针对性地进行材料的深入选择。根据室内实验结果，最终选定31J和500E作为红烧土类文物加固保护材料，在此基础上，应用31J和500E材料在大河村遗址进行了现场实验，经八个月时间检验效果良好。

本研究最大的亮点和创新点是，通过模拟烧制红烧土，探索遗址经历不同过火温度的物理、化学特征，并与现场病害分析结果相结合研究出保护需求的要点与合适的保护材料，取得了具有重要价值的研究成果。

海涛同志通过长期的实验研究工作，掌握了国内红烧土类文物病害的基本状况，解析了这类文物病害的成因及其与过火温度的关系，并为出现严重病害的红烧土类文物筛选出了合适的加固保护材料，在我国红烧土遗址保护领域具有较高的学术价值和实践指导意义，可以为我国相关土遗址保护提供科学技术支撑，具有推广价值。

王金华

2022年11月7日于大同

前 言

遍布我国境内的考古遗址是我国文化遗产的重要组成部分，多数具有极高的历史价值、艺术价值、科学价值和社会价值。这些遗址中有些残留有人类用火痕迹的过火红烧土文物，是传统土遗址中的特殊类型，留存久远，分布广泛，类型众多，是研究中华民族建筑史的重要实物见证。为了保护文化遗产，我们国家在建国后投入文物保护和科技研究的力量逐渐加大，尤其是党的十八大以来，习近平总书记高度重视考古与文物保护工作，多次做出指示批示要加大文物科技保护力度，这为我们文物保护工作者指明了前进的方向。

目前，关于红烧土遗址保护技术方面的研究工作缺乏针对性、系统性的科技攻关。国外没有发现相关文献，国内的研究也只是些零星的样品分析检测报告。可见的有李乃胜[①]、王昌燧、张敬国等对凌家滩“红陶块”的物相组成、烧成温度、吸水率与抗压强度进行了测试研究；李乃胜等对安徽蒙城县尉迟寺遗址红烧土排房建筑工艺进行了初步研究。考古遗址中的过火遗迹部分，无区别于常规土遗址进行加固保护的报道有：周双林、原思训等曾使用非水分散体材料对兵马俑一号坑过火红烧土进行加固实验[②]。

调查走访多个考古遗址现场发现：相同环境下，过火的考古土遗址其病害状况与普通土是不一样的，常见到一些红烧土遗址或遗迹的风化、酥粉、剥落、可溶盐结晶等病害较周围的土遗址更为严重，发展速度更快，这与我们的一般常识（烧过的土更加坚固，不易风化）大相径庭。多处红烧土遗址存在的这些病害已对遗址本体造成严重破坏，并威胁着遗址结构安全稳定，红烧土类文物的保护技术研究工作已迫在眉睫。而要解释清楚这类文物的病害原因，为考古与文物保护工作者提供有效的保护技术参考，需要结合文物所处自然环境和红烧土自身的性质特征开展深入细致、专项全面的研究。

本研究所涉及的红烧土类文物主要是指过火的考古遗址、遗迹和遗物。概括起来可分为以下5个方面：①新石器时代陶窑遗址，例如河南的裴李岗遗址、甘肃的马家

① 李乃胜, 张敬国, 毛振伟, 等. 我国最早的陶质建材——凌家滩“红陶块”[J]. 建筑材料学报, 2006, 7 (2): 128.

② 周双林. 土遗址防风化加固保护材料综合研究 [R]//北京大学考古文博学院. 博士后研究工作报告. 北京: 北京大学, 2002: 6.

窑遗址、山东的大汶口遗址等，这些遗址在北方地区分布广泛。②新石器时代中期红烧土排房房基遗址，例如距今5500年左右的安徽凌家滩“红陶块”垒筑的墙体遗址，距今5000—4500年的河南郑州大河村、淅川下王岗、南阳黄山、邓州八里岗，湖北枣阳雕龙碑，安徽蒙城县尉迟寺的大规模红烧土排房房基遗址等。③东汉后期瓷窑遗址，例如定窑遗址、钧窑遗址、景德镇御窑厂遗址、耀州窑遗址等。④一些祭祀的考古遗址，例如牛河梁遗址第一地点的女神庙，出土了许多过火的泥塑残片，以及残留过火的壁画遗迹等。⑤由于失火或者是人为放火形成的考古遗迹，例如秦始皇陵的部分陪葬坑遗址、大明宫丹凤门遗址和赤峰市二道井子遗址等，保存着大面积的红烧土遗迹。

笔者从实地调查和样品分析检测入手，结合红烧土遗址所处环境的不同，深入地对大河村遗址、钧窑遗址、牛河梁遗址和兵马俑遗址进行了病害调查，总结了不同环境下红烧土类文物的病害状况和特征。模拟制备了一批不同过火温度梯度下的红烧土样品，并进行了烧失率、微观形貌、耐水能力、耐盐结晶破坏、抗压强度、矿物组成等一系列分析检测，深入了解了土在不同过火温度后的变化情况。在此基础上推断出了几个典型的红烧土遗址的过火温度，分析总结了红烧土物理化学性能特征、病害机理与不同病害类型的形成原因。基本弄清了过火红烧土某些情况下容易粉化的原因，在遵循文物保护原则、学习借鉴国内外无机质文物保护成果的基础上，开展了红烧土类文物加固保护材料选择实验，并对加固保护效果进行了检验，通过长时间的跟踪观察效果良好。

期望这些研究方法与得出的研究成果，能够为一线的考古与文物保护工作者提供参考和帮助，为有效解决红烧土遗址出现的各类病害提供技术支撑。

本书作者

目　录

插图目录

插表目录

第一章
红烧土遗址和遗迹的概念及在我国的分布

第一节 红烧土遗址和遗迹的概念

红烧土，是考古上的俗语，没有明确的定义，通指被大火烧烤后表面颜色从微红色到红色的考古遗迹或遗物的土块或土体。为了表述方便，本书将研究对象——红烧土，界定为那些考古遗址中具有火烧特征、表面浅红或红色的遗迹和遗物。

红烧土遗迹、遗物是土遗址与遗迹的一部分，这类遗迹和遗物与周围土壤的颜色有明显的差别，显示出明显的局域性或者不均匀性，但是由于有些过火的红烧土是非故意的，而且是露天烧成，过火温度不同，外观颜色不均匀，特性也有差异。

红烧土和红陶也有区别，主要体现在：红陶是将泥土挑选淘洗，成型后烧制形成的；而红烧土的原物则处理简单，一般直接用普通的土与水混合后堆砌或者夯打形成，有些直接就是由生土过火形成的。

南方地区的红土类遗址虽然带红色，但是其与周围土壤的色泽接近或一致，可排除在外，一些遗址中间夹红土呈层状分布或颗粒状存在，不具备火烧的特征，也不叫红烧土。

在这些红烧土文物中，价值较高的是史前人类的用火痕迹，以及红烧土房基遗址、古代瓷窑遗址、过火的古代遗物如泥塑等。

第二节 我国红烧土遗址和遗迹的分布

红烧土类文物及遗迹伴随着人类开始掌握火的应用而出现，可以说只要有古人类活动的地方都会有红烧土类文物的存在。

从时代分布看，红烧土类文物从北京周口店时代一直延续到近代。

红烧土遗址在我国的分布区域范围与古代人类活动足迹相吻合，从南到北，从东到西，都有分布，中东部地区最为密集。分布在内蒙古的兴隆洼遗址、二道井子遗址，辽宁的牛河梁遗址，北京的周口店遗址，河北曲阳的定窑遗址，山东的大汶口遗址，河南的郑州大河村遗址、三门峡仰韶村遗址、南阳黄山遗址、禹州钧窑遗址、清凉寺汝窑遗址，安徽的尉迟寺遗址、凌家滩遗址，湖北的雕龙碑遗址，陕西的秦始皇兵马俑遗址、西乡李家村遗址，四川的邛窑遗址，江西的景德镇御窑厂遗址，广东的普宁虎头埔遗址等，是我国境内红烧土遗址的典型代表。

按照现存红烧土类文物的形成方式，可以将其分为人为有意火烧的和无意火烧的两种。

人为有意火烧：早期的陶窑如半坡遗址的陶窑等，建筑基址如大河村遗址的房基、南阳黄山遗址的建筑遗址群等；晚期的如宋代的五大瓷窑遗址。

无意火烧：一些古代建筑失火后形成的遗址，如牛河梁遗址的1号地点，大明宫丹凤门遗址，秦始皇陵陪葬坑的部分遗址等。

按照用途，可以分为烧火做饭形成的灶膛、为居住制作的红烧土排房、烧制陶器的陶窑、瓷器烧制形成的古瓷窑遗址、冶金的窑炉遗址、祭祀用的红烧土块等。

第二章
几个典型红烧土遗址概况及病害调查

要对红烧土遗址采取保护措施，首先需要对红烧土遗址的保存状况和病害有所了解。为了获得这些信息，对几个典型遗址的病害进行了现场调查和取样，根据调查获得的资料和样品的分析研究结果，总结了红烧土遗址病害的特征。

第一节　几个典型红烧土遗址状况简介

2.1.1　红烧土房基遗址

石器时代的红烧土排房房基以郑州大河村遗址最有代表性，另外3处较典型的是安徽的凌家滩遗址、尉迟寺遗址和湖北枣阳市雕龙碑遗址的15号房址，这些遗址为我们研究古代建筑提供了宝贵的实物资料。

2.1.1.1　郑州大河村遗址

1. 遗址概况

大河村遗址发现于1964年，先后于1972—1987年经过21次发掘，是一处包含有仰韶文化、龙山文化和夏商文化遗存的大型古代聚落遗址。共发现各类房基47座、窖穴297座、墓葬354座，出土陶、石、骨、蚌、角、玉等不同质地的珍贵文物3500多件。其中红烧土房基F1—F4价值很高[①]。

出于保护的目的，1972年修建了F1—F4红烧土房基遗址的保护房，属于普通的砖木结构。遗址东西长34米，南北宽13米，总面积400多平方米（图2-1）。为了更好地展示遗址，1986年建成开放遗址博物馆[②③]。1986年大河村遗址被河南省人民政府公布

① 郑州市文物工作队, 郑州市大河村遗址博物馆. 郑州市大河村遗址1983与1987年发掘报告 [J]. 考古学报, 1996 (1): 111-141.

② 谢遂莲. 郑州大河村遗址陈列正式开放 [J]. 中原文物, 1986 (2).

③ 张云峰. 郑州市大河村遗址博物馆简介 [J]. 大众文艺 (理论), 2008 (3): 44.

从西向东

从东向西

图 2-1　大河村遗址整体照

为省级重点文物保护单位，2001年被国务院公布为第五批全国重点文物保护单位。

2. 遗址所处环境

郑州大河村遗址地理位置为北纬34.16°—34.59°，东经112.42°—114.14°，海拔86—130米[①②]。遗址地处郑州市中东部平原地带，属温带大陆性季风性气候，年平均温度为14.2℃，年平均降水量为636.7毫米。土壤为潮土类，系黄土性冲积物质沉积形成，富含碳酸钙，pH值呈中性或微碱性，土壤易溶盐类含量一般小于0.1%。2008—2009年对遗址所处的小环境进行了温湿度记录，结果见图2-2和图2-3。

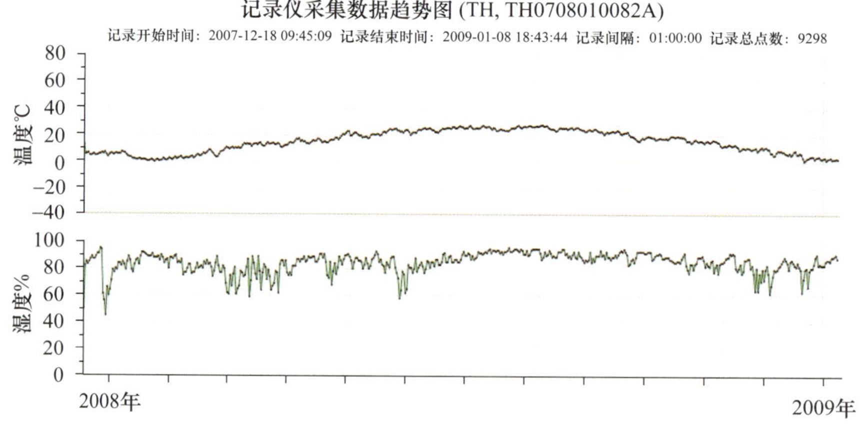

图 2-2　大河村遗址一年内温湿度变化状况（房基上）

① 郑州市文物考古研究所. 郑州大河村 [M]. 北京: 科学出版社, 2001.

② 杨育彬. 河南考古 [M]. 郑州: 中州古籍出版社, 1985: 38-45.

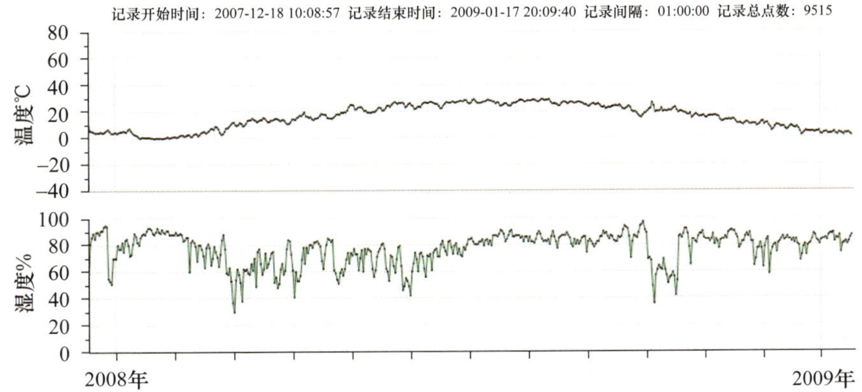

图2-3　大河村遗址一年内温湿度变化状况（窖穴处）

2.1.1.2　安徽凌家滩遗址

1. 遗址概况①

凌家滩遗址位于安徽省巢湖市含山县太湖山南麓，总面积约60万平方米，是一处规模较大的原始聚落中心，其年代为距今5500—5300年，与辽宁红山文化的年代相当，而早于浙江良渚文化。它是长江中下游地区重要遗存，对研究该地区的古代文明起源有重要意义。凌家滩遗址发现近3000平方米的红烧土遗迹，红烧土块垒筑的墙体厚度达0.5—1.5米。1998年被评为全国十大考古新发现之一，2001年被国务院批准为国家重点文物保护单位。

2. 遗址所处环境②

凌家滩遗址地处裕溪河中段北岸（图2-4），坐落在一条长带形滩地上，地

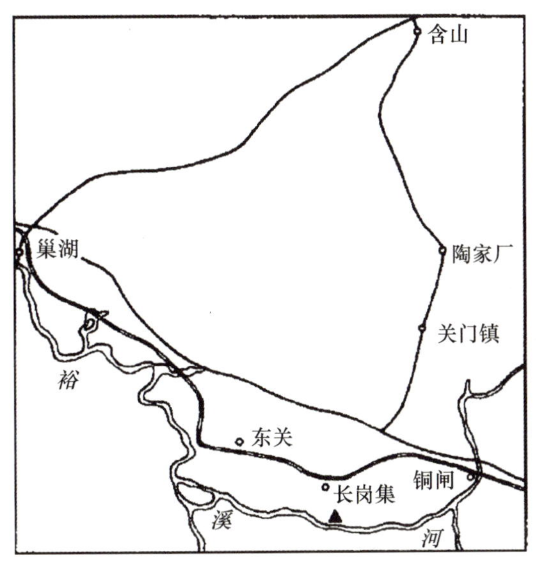

图2-4　凌家滩遗址位置示意图

① 李乃胜, 张敬国, 毛振伟, 等. 我国最早的陶质建材——凌家滩“红陶块”[J]. 建筑材料学报, 2006, 7 (2): 128.

② 安徽省文物考古研究所, 含山县文物管理所. 安徽省含山县凌家滩遗址第三次发掘简报 [J]. 考古, 1999 (11): 961.

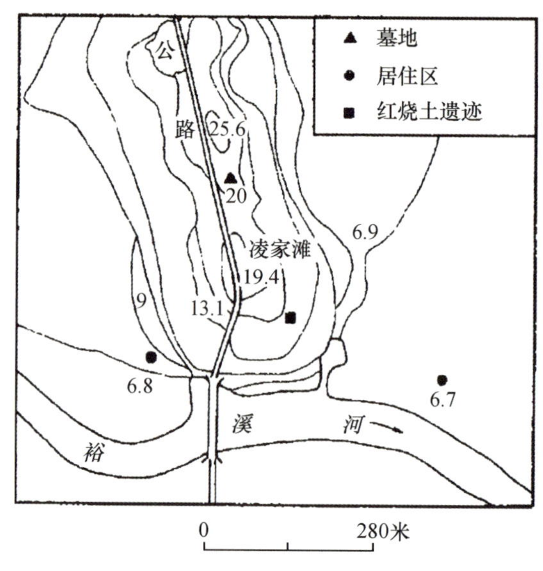

图2-5　凌家滩遗址发掘区位置图

理坐标为北纬31°，东经118°。遗址东西长约1500米，南北宽约500米，地势由南向北逐步抬高。遗址最高点是凌家滩墓地，海拔高度约20米，最低点是邻近裕溪河滩地上的居住区，海拔高度约7米（图2-5）。

2.1.1.3　安徽尉迟寺遗址

1. 遗址概况

尉迟寺遗址位于安徽省蒙城县许町镇毕集村，是一处南北长230米、东西宽220米的圆形环壕大汶口文化聚落，发现成排成组的红烧土房子40余间①。这些房子全部是木质网状框架，外抹灰泥，整体烧烤而成②。该遗址是目前皖北地区规模最大的一处原始聚落遗址，它的发现对于大汶口文化的全面研究而言是一项巨大的突破，1994年被评为十大考古发现之一，2001年被列为全国重点文物保护单位。

2. 遗址所处环境③

尉迟寺遗址所在的皖北地区，属于淮河主要流经地，位于北纬31°—36°，东经112°—121°，地势很低，地下水位高，气候温和，四季分明。西部与中部海拔20—50米，东部仅0—20米。多年平均降雨量为878毫米，多集中在6—9月。

2.1.1.4　湖北枣阳市雕龙碑遗址15号房址④

1. 遗址概况

F15是雕龙碑遗址第三期文化遗存，归属于屈家岭文化，距今约5000年。F15的建筑面积为11.5米×8.8米，约为101.2平方米，保存有数十厘米高的红烧土墙体。建筑平面呈“田”字形，墙体皆为“木骨泥墙”，即以直立排列的木棍为骨，在其四周堆砌红烧土块，然后表面涂以草拌泥抹平，最后经火烧烤。1996年被公布为全国重点文物保护单位。

---

① 中国社会科学院考古研究所，安徽工作队蒙城县文化局. 安徽蒙城县尉迟寺遗址2003年发掘简报 [J]. 考古, 2005 (10): 867.

② 东方. 尉迟寺遗址 [N]. 中国矿业报, 2002-1-26.

③ 邹逸麟. 黄淮海平原历史地理 [M]. 合肥: 安徽教育出版社, 1997: 107.

④ 中国社会科学院考古研究所湖北队. 湖北枣阳市雕龙碑遗址15号房址 [J]. 考古, 2000 (3): 237-240.

2. 遗址价值

雕龙碑遗址的房屋建筑遗迹是我国迄今发现的年代最早、保存较好的土木混凝结构体，像这样结构科学、建筑适用的早期建筑遗迹在我国史前考古学中还发现较少，尤其是推拉式房门建筑结构，在我国尚属首次发现。这一重要的考古发现，为史前建筑学研究提供了极其珍贵的实物资料。

2.1.1.5 南阳黄山遗址

1. 遗址概况①

黄山遗址位于河南省南阳市卧龙区蒲山镇黄山村，是一处新石器时代聚落遗址。遗址揭露面积近1800平方米，已发掘深度1—2米，清理出与玉石器制作有关的仰韶文化晚期大型“前坊后居木骨泥墙式”建筑3座、中型房址1座、工棚式建筑2座，屈家岭文化中小型玉石器作坊址7座、房址6座（图2-6）。仰韶文化晚期“前坊后居”性质的红烧土房基遗址F1和F2面积均在120平方米以上，规划整齐、体量宏大、结构复杂，其保存完好之程度国内罕见。

图2-6 南阳黄山遗址整体照

2. 遗址价值

南阳黄山遗址的考古发现填补了中原和长江中游地区新石器时代玉器作坊遗存的空白，在南北文化交流碰撞的关键地区、距今五千年左右的关键时间，为研究中华文明的形成提供了关键材料。

2.1.2 古代窑业遗址

制陶在我国有长久的历史，而瓷业发展更是我国古代文明的重要一笔。瓷窑遗址

① 马俊才. 河南南阳黄山遗址 [J]. 大众考古, 2020 (12): 12-15.

中，以宋代的五大官窑最具代表性，包括汝窑、钧窑、官窑、哥窑和定窑。这些窑场都曾经生产过著名的瓷器，然而被废弃后，世人关注较少，如今，这些珍贵的窑址都遭受着由于红烧土风化而造成的严重破坏。

2.1.2.1 宝丰清凉寺汝窑遗址

1. 遗址概况①

清凉寺汝窑遗址位于河南省宝丰县大营镇清凉寺村，东距宝丰县城25千米。早在20世纪50年代初，著名古陶瓷专家陈万里先生即发现了这处窑址②。2000年6—12月，河南省文物考古研究所对清凉寺窑址第四烧造区的西北部进行了第6次发掘，共清理出窑炉20座。这些窑炉大小不一，小的只有1平方米左右，大的也不过3—4平方米。为保护遗址，大部分已经回填，对于含有窑炉遗址、价值较高的第四烧造区，则建设了临时保护房，约500平方米（图2-7）。

图2-7　汝窑遗址整体照

2. 遗址所处环境③

清凉寺窑址坐落在山谷台地上，东、西两侧皆为山坡，沙河的支流响浪河在遗址西侧流过，把汝窑遗址分为南、北两大区。南区西高东低，窑址依西坡而建，南北长约400米，东西宽200—250米；北区呈北高南低的缓坡状，南北长300米，东西宽150—250米。窑址所在地气候属半湿润大陆性气候，年平均气温14.5℃，全年降水量在700毫米左右。

① 郭木森，赵文军，郁红亮，等. 宝丰清凉寺汝窑址2000年发掘简报 [J]. 文物，2001 (11).

② 罗振玉. 三代吉金文存 [M]. 北京：中华书局，1983: 46.

③ 河南省文物研究所. 宝丰清凉寺汝窑址第二、三次发掘简报 [J]. 华夏考古，1992 (3): 140.

2.1.2.2 禹州神垕钧窑遗址

宋代钧官窑遗址位于河南省禹州市区内东北隅古钧台附近，所以也叫钧台钧窑遗址，简称宋钧官窑遗址，始建于我国宋代徽宗时期（1101—1125年）①。1964年考古工作者发现该遗址，1973—1974年对其进行了发掘保护，1988年遗址被国务院公布为国家级重点文物保护单位。

现存供观赏的一号“双乳窑”遗址位于北保护房内（图2-8），七号“倒焰窑”遗址位于西保护房内（图2-9）。“双乳窑”窑室呈长方形，窑室北侧有两个乳状火膛，其中东火膛仅有圆形气孔，西火膛留有窑门，上面有方形烟囱，窑室南侧设有三个扇形烟囱。“倒焰窑”是一个保存完整的瓷窑，此窑呈馒头形，穹窿顶，单火膛位于窑室北侧，上面有向北的窑门，窑室南壁底部有5个等距离的出烟孔，从后壁上部收为一个方烟囱，露于室外。这两座瓷窑是目前我国仅存的宋代钧窑建筑，是整个遗址的代表形象②。

图2-8　钧窑遗址-双乳窑整体照

图2-9　钧窑遗址-倒焰窑近景照

① 赵会军. 河南禹州钧窑相关问题探索 [N]. 中国文物报, 2008-2-27 (7).

② 杨俊峰. 北宋钧瓷官窑遗址 [J]. 许昌师专学报, 1998, 17 (2): 128.

2.1.2.3 定窑遗址[①]

定窑遗址位于河北省曲阳县，分布在东西狭长10余千米的范围内，总面积约10平方千米，文化堆积最厚达10多米，是中国古代北方著名白瓷窑址。定窑创烧于唐，宋代极盛，元代逐渐衰落。1985—1987年河北省文物研究所在北镇村、涧磁岭、野北村、燕川村等地发掘，揭露面积近2000平方米（图2-10），发现大量窑炉和作坊遗迹。为了保护和展示遗址，建设了曲阳定窑遗址博物馆。1988年定窑遗址被国务院公布为全国重点文物保护单位。

图2-10　曲阳定窑遗址整体与局部照

2.1.2.4 景德镇御窑厂遗址

1. 遗址概况

景德镇珠山御窑遗址是一座始建于明代洪武二年（1369年）的御窑遗址，是元、明、清三代专门烧造宫廷用瓷的皇家窑厂所在地。2002年10月至2004年12月，北京大学考古文博学院、江西省文物考古研究所、景德镇市陶瓷考古研究所组成联合考古队，对景德镇御窑厂遗址进行了考古发掘，出土了一批遗迹和遗物，2003年被评为全国十大考古新发现之一[②]。

为保护好这一批极为重要的文化遗产，市文化局于2005年9月开始动工修建御窑厂遗址保护房，历经两年完成，并在御窑厂遗址保护房的基础上组建景德镇御窑遗址博物馆[③]。

① 黄信. 关于定窑的分期问题 [J]. 文物世界, 2010, 10 (4): 57.

② 御窑遗址考古成果位列全国十大考古新发现 [J]. 景德镇陶瓷, 2004, 14 (2): 42.

③ 景德镇御窑厂遗址保护房竣工揭牌 [J]. 景德镇陶瓷, 2007, 17 (4): 27.

2. 遗址价值

御窑厂遗址是景德镇地区大量陶瓷古迹的杰出代表，近20年来，这里出土复原了数以千计的稀世珍品官窑瓷，其研究成果解决了中国陶瓷史的部分疑难问题，在世界陶瓷考古界产生了巨大的影响①。

2.1.2.5 邛窑遗址

1. 遗址概况②

邛窑是我国历史上极负盛名的民间青瓷窑之一，始烧于南朝，衰于宋。邛窑遗址在邛崃市范围内主要分布于四川省成都市临邛镇十方堂村、大通村、西河村，固驿镇公义村等地，重要遗址的总面积达250000多平方米。1983—1989年对十方堂窑址和固驿瓦窑山窑址进行了发掘，就此两处窑址已发掘的部分来看，邛窑遗址是我国民间现存青瓷窑遗址中堆积最厚、连续烧造时间最长、产品最丰富的民窑之一。

2. 遗址地理位置

邛窑遗址十方堂窑位于邛崃市西南的临邛镇十方堂村，距邛崃市中心1.5千米。遗址北临南河，东、西、南三面为农耕地，地理位置为北纬30°21′，东经103°26′，海拔高度为520米。

邛窑遗址大渔村窑位于邛崃临邛镇大渔村，东距邛崃市中心3千米。地理位置为北纬30°23′，东经103°26′，海拔高度为520米。

邛窑遗址固驿瓦窑山窑址位于邛崃市固驿镇公义村，西北距邛崃市中心10千米。遗址东为公义村二组，南为公义村一组，西为固新公路，北为公义村一组。地理位置为北纬30°21′，东经103°35′，海拔高度为600米。

2.1.3 牛河梁遗址一号地点的女神庙

1. 遗址概况③

牛河梁遗址位于辽宁省朝阳市境内的凌源市与建平县交界处，属于红山文化晚期，距今5500—5000年。1981年发现，1983年开始发掘。1988年被国务院公布为全国重点文物保护单位。

---

① 御窑遗址考古成果位列全国十大考古新发现 [J]. 景德镇陶瓷, 2004, 14 (2): 42.

② 黄晓枫. 从考古发现看邛窑的文化特征 [J]. 成都文物, 2007 (2): 28-32.

③ 辽宁省文物考古研究所. 辽宁牛河梁红山文化“女神庙”与积石冢群发掘简报 [J]. 文物, 1986 (8): 1-24.

女神庙位于牛河梁主梁北山丘顶，凌源县欺天林场大杖广工区林带内，处于该地文化遗址的中心位置上。庙址表层散布大量红烧墙壁土块，调查时在其周围冲沟内发现红烧土和泥塑人像的鼻、耳、乳房和四肢等残块①（图2-11）。为了加强对遗址的保护，2009年5月14日开工建设了女神庙保护展馆②，现已完工。

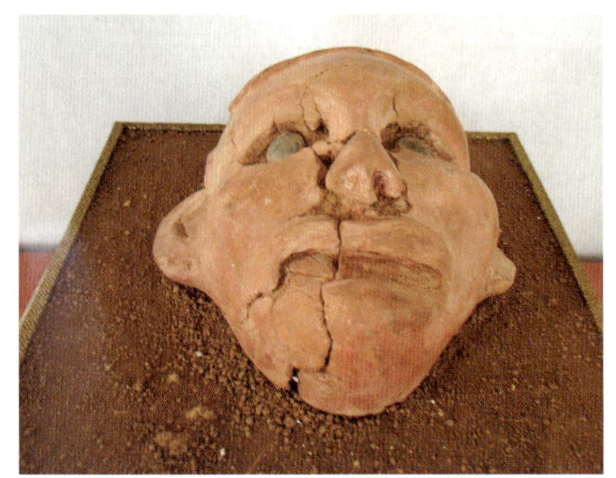

图2-11　牛河梁遗址1号地点出土的红烧土遗物

2. 遗址所处地理环境③

牛河梁遗址区域内外山地、丘陵、盆地、平原交互分布，因雨水集中在夏季，山梁水土流失较为严重，被冲刷出多道沟壑，但整个遗址区内的原始风貌仍然得以整体保存。现所见自然植被以旱生的稀树灌丛和草本植物为主，野生动物和鸟类繁多。女神庙地处中温带半湿润半干旱区，属大陆性季风气候，冬夏两季较长，春秋两季略短。1月份平均温度−10.2℃，7月份平均温度24.0℃，年平均温度8.3℃。年平均降水量450.0毫米，多集中在7、8月，雨热集中，无霜期166天。

2.1.4　秦始皇陵陪葬坑遗址

目前，经过考古钻探、试掘和发掘，在秦始皇陵区共发现不同类别的大小陪葬坑150多座。其中经过火焚的有十余座，全部被焚的包括秦陵一号、二号兵马俑坑，曲尺形马厩坑，K9901（百戏俑坑），K9801（石铠甲坑），陵园外城北侧的肉食类府藏坑（动物坑）以及K0007（青铜水禽坑）等，这些陪葬坑均属秦始皇陵区的大中型

---

① 牛河梁文化遗存——将中华文明史推进到5000年前 [J]. 中国地名, 2009 (2): 12.

② 邱凌. 牛河梁女神庙保护工程竣工 [N]. 朝阳日报, 2010-1-1 (2).

③ 辽宁省文物考古研究所. 辽宁牛河梁红山文化“女神庙”与积石冢群发掘简报 [J]. 文物, 1986 (8): 1-24.

陪葬坑[①]。考古调查发现，被焚陪葬坑中出土的遗迹、遗物大部分原型未变，可以判断出兵马俑陪葬坑被火焚烧现象出现在物体腐朽之前。

1. 兵马俑一号坑

经钻探发现，该坑全部覆盖区面积有12000平方米，迄今已经发掘了2000平方米左右[②]，共发现1087件士兵俑，10件将军俑，另外还发现了32件战马俑。据说[③]秦末楚汉混战时（一般认为在公元前206年），项羽入关，曾放火焚毁了秦陵的地面建筑，同时还烧毁了放置兵马俑的棚架式掩体。由于火势极大，木结构的掩体被完全烧毁，并在条形长坑的两侧上部形成了大火煅烧后的大面积红烧土[④]。经过发掘，如今可见的红烧土多分布在隔梁上部（图2-12）。

图2-12　兵马俑遗址一号坑整体照

2. 铠甲坑[⑤]

K9801（石铠甲坑）位于陵园外城东南部，始皇陵现封土东南约200米处，方向约2度，基本接近正方向。平面呈长方形，在坑南北两侧边缘的东西端各有一条平面呈梯形的斜坡门道。坑主体部分东西长129米，南北宽105米，总面积达13689平方米（连同4个斜坡门道），是秦始皇陵城垣内目前所发现的面积最大的陪葬坑。坑口距现地表0.3—4米，坑口至坑底深3.5—4.5米。坑内全为红烧土，坑底铺有一层厚10—20厘米的木炭，木炭以下为3层坚硬致密的夯土层（图2-13）。

① 程学华, 王育龙. 秦始皇帝陵陪葬坑综述 [J]. 考古与文物, 1998 (1).

② 程学华. 秦陵、秦俑研究中的几个问题 [J]. 考古与文物, 1988 (2).

③ 孟昭秦, 张工会. 陕西临潼兵马俑一号坑考古地质研究 [J]. 地质与勘探, 1992, 28 (5): 31.

④ 张志军. 秦始皇兵马俑文物保护研究 [M]. 西安: 陕西人民教育出版社, 1998: 106-110.

⑤ 甲胄藏千年　一出天地惊——秦始皇陵园发现大型铠甲坑 [J]. 文博, 1999 (5): 3.

图2-13　兵马俑遗址石铠甲坑近景照

第二节　几个典型红烧土类遗址的病害调查与总结

2.2.1　大河村遗址病害情况

大河村遗址自从1986年开放展示以来，已历经25年，出现了各种各样的病害。根据现场调查，大河村遗址本体的病害有地衣苔藓生长、风化、垮塌等，特点是病害种类少、面积大。

1. 地衣等植物生长

大河村遗址所处地区地下水位较高，为植物活动提供了良好的条件，这在夏季表现得尤为明显。土壤内有着大量的地衣苔藓类生物，覆盖整个遗址表面。在20世纪80年代，遗址表面覆盖着地毯状绿色低等植物。近年，由于附近农民改变种植作物品种和地下水位下降，病害情况才略有好转，但目前遗址地面仍有暗绿色和白色的地衣生长（图2-14）。

图2-14　大河村遗址红烧土墙上的生物

2. 粉化

遗址的红烧土墙表面和窑穴表面均有粉化现象，尤其是红烧土墙体的上部，由于粉化表面完全覆盖了一层红色粉末，在墙体靠近地面的部位红色粉末堆积很厚（图2-15）。

图2-15　大河村遗址红烧土墙的粉化脱落

3. 开裂、垮塌与剥落

遗址中的红烧土墙，开裂和垮塌现象严重，严重威胁着遗址的安全，主要表现为片状开裂和块状剥落。历史上曾经出现过因大块红烧土块开裂而导致的垮塌掉落现象。遗址中的一些窖穴也出现不同程度的开裂与垮塌破坏。垮塌导致原始口小底大的窖穴变得口大底小（图2-16与图2-17）。同时因遗址需要清理，垮塌的部分不得不清扫走，易导致对考古信息的误读。

图2-16　大河村遗址开裂与剥落

4. 泛白

遗址的地面和墙体的侧面表面覆盖有大面积的白色物质（图2-18与图2-19），改变了遗址外观。

图2-17　大河村遗址坍塌与剥落

图2-18　大河村遗址表面泛白

图2-19　大河村遗址白色结壳

2.2.2 古代窑业遗址病害调查

古代窑业遗址发掘后多数已经回填，具有代表性的遗址则建设保护房或者博物馆进行保护和展示。为了解病害，实地调查了清凉寺汝窑遗址、禹州钧台钧窑遗址和曲阳定窑遗址。调查发现，经过多年的展示，窑址已经出现不同形式的严重病害，分述如下。

1. 汝窑遗址

汝窑遗址处于宝丰清凉寺村，位于一处高地上，地势较高，由于煤矿开采，附近的地下水位很低，位于地下50米以下。窑址发掘后修建了临时性的保护棚。

窑址的病害情况为：由于临时保护房房顶局部漏雨，遗址有受到雨水滴蚀的痕迹（图2-20）；窑膛内部及周围的火烧痕迹风化酥粉现象随处可见（图2-21）；可能是由于窑址被发掘后所处环境突然改变，开裂病害也大面积存在，局部严重的开裂还导致了垮塌（图2-22）。

图2-20　汝窑遗址雨水侵蚀

图2-21　汝窑遗址风化酥粉

图2-22 汝窑遗址坍塌

2. 钧窑遗址

宋代钧窑遗址以钧台的双乳窑和倒焰窑窑址为代表。窑址处于禹州城内，周围地势平坦。历史上曾出现窑址被水淹没的情况，为此保管部门将附近的水池用土填塞，但是仍未解决地下水的影响，目前窑址仍然处于潮湿环境中。

窑址处在保护房中，出于保护和展示的目的，还修建了一层装有排风扇的玻璃罩覆盖。

窑址的病害情况为：两个窑址的外表面都覆盖了一层尘土，依稀可以看到红色的火烧痕迹；双乳窑出现了严重的垮塌病害（图2-23），倒焰窑保存相对完整；两个窑址都有较严重的风化剥落（图2-24与图2-25）病害；白色晶体（图2-26与图2-27）布满了窑膛内部的整个窑壁，尤其是倒焰窑，其窑膛内部的白色结晶已经大量风化剥落，在窑壁边缘堆积很厚（图2-28）。

图2-23 钧窑-双乳窑遗址局部坍塌

3. 定窑遗址

曲阳定窑遗址处在钢架结构的保护房内，保存环境相对较好，但病害状况依然

图2-24　钧窑-双乳窑遗址风化剥落

图2-25　钧窑-倒焰窑遗址风化剥落

图2-26　钧窑-双乳窑遗址白色结晶

严重。遗址周围的匣钵堆积剖面出现垮塌现象，特殊保护的窑址窑壁的匣钵堆积粉化垮塌，红烧土窑壁强度降低，粉化脱落严重。为了保护遗址，不得不用塑料布覆盖（图2-29），至今无法打开。

图2-27 钧窑-倒焰窑遗址白色结晶

图2-28 钧窑-倒焰窑遗址白色结晶剥落

图2-29 定窑遗址粉化

4. 景德镇御窑厂遗址

景德镇御窑遗址处于潮湿环境中，空气相对湿度较大，土壤含水率高，这为植物滋生创造了条件。绿色植物在整个遗址中到处可见（图2-30），窑炉红烧土部分粉化剥落十分严重（图2-31）。

图2-30　景德镇御窑遗址上的地衣和草

2.2.3　牛河梁遗址病害调查

图2-31　景德镇御窑遗址红烧土粉化

牛河梁遗址一号地点中的女神庙，在20年前进行试掘时出土有泥塑女性塑像及动物塑像残件、堆泥仿木建筑构件、陶祭器，以及墙基内壁附着的即将脱落的壁画层。据介绍，女神庙遗址坑壁与内部的大量泥塑都是经过火烧的，属于红烧土类文物。由于泥塑本身强度低，加上曾经过火温度低，试掘时发现一些泥塑疏松开裂、强度很低，无法提取。为了避免破坏文物，试掘工作停止，直到目前仍未开始。

2.2.4　秦始皇陵陪葬坑遗址病害调查

实地调查了秦始皇陵的几个陪葬坑，包括兵马俑一号坑和铠甲坑。这些遗址的红烧土部分病害类型少，但病害程度较为严重，主要是垮塌与粉化剥落（图2-32）。

2.2.5　红烧土类文物的病害调查总结

关于土遗址的病害，已经有相关的研究。根据对几个典型含有过火红烧土遗址的现场调查发现，具有过火红烧土遗址的病害种类与遗址的大环境、小环境等都有关系，既具有一般土遗址的病害特征，同时也有其特殊性。主要病害有以下5种。

图 2-32　兵马俑红烧土遗址及木炭痕迹

1. 表面粉化脱落

许多遗址会出现这种情况，表现为遗址的表面由发掘完成后的较清晰变为模糊，逐渐出现小的土壤颗粒脱落。表面的文化信息因为这种变化而逐渐消失，而考古信息的消失损坏，大大降低了遗址的展示效果。出现这些病害的遗址有大河村遗址、钧窑遗址、汝窑遗址、定窑遗址和兵马俑遗址等。表面酥松脱落病害在红烧土遗址中最为严重也最为普遍，是红烧土遗址及遗迹的主要病害类型。

2. 白色盐类结晶

通常在遗址底部靠近地面的部分会出现这种现象，严重者整个遗址都会出现（例如大河村遗址红烧土墙的地面部分和钧窑遗址的窑炉内壁），表现为表面泛白。比较严重的盐类结晶，还会导致遗址表面的酥粉。出现这种病害的遗址多处于比较潮湿的地区。

3. 垮塌

多数遗址出现有垮塌病害，直接威胁遗址安全，但病害的原因各不相同。例如，大河村遗址红烧土墙的窨穴垮塌是由于块体间结合较弱且受力不均；汝窑遗址的垮塌是由于受到雨水侵害的影响。

4. 霉菌苔藓等滋生

在潮湿的遗址表面出现绿色、白色、灰色或灰黑色的微生物和低等植物，覆盖遗址的表面（如大河村遗址）。也有绿色的苔藓覆盖原始表面者。在有些情况下甚至有草类的生长。这是处于潮湿环境中红烧土类文物共同面临的病害类型。

5. 灰尘覆盖

经过多年展示的遗址，多数会变得发暗发黑，使人们不能看到真实的、发掘完成时的遗址情况，给人们一个不真实的、错误的印象，例如钧窑遗址、定窑遗址等。

第三章
红烧土遗迹、遗物的特性及病害原因分析

上章对红烧土遗迹及遗物的病害进行了现场调查，并对病害状况进行了初步归类。为了了解红烧土的特性和出现病害的原因，对取自几个典型代表遗址的红烧土样品进行了科学分析，包括矿物组成、可溶盐含量、土颗粒的比表面积、孔径分布等；模拟制备了红烧土样品并进行了相关检验。在考古样品和模拟样品分析的基础上，对红烧土特性和风化原因获得了初步结论。

第一节　样品与分析方法

3.1.1　样品

在几个典型的红烧土遗址（为了简洁明了，本文接下来提到的牛河梁遗址特指牛河梁遗址1号地点的女神庙；兵马俑遗址特指兵马俑一号坑的隔梁）上取样，取样位置和样品状况见表3-1。

表3-1　几个遗址的样品与取样情况

样品编号	取样位置照片	样品照片	取样位置说明	样品描述
大河村遗址样品1			遗址东北角房基上部较为疏松的地方	酥松的红色块状
大河村遗址样品2			遗址北边房基地面处	房基墙体上粉化剥落的红色粉末

续表

样品编号	取样位置照片	样品照片	取样位置说明	样品描述
大河村遗址样品3			遗址西北角房基地面处	强度较高且含砂粒的红色块状
钧窑遗址样品1			倒焰窑窑膛外壁	黄色块状
钧窑遗址样品2			倒焰窑窑膛外壁中部	窑壁外层风化脱落的红色粉末
牛河梁遗址样品1			第一次发掘时出土的红烧土块中黑色处	黑色块状
牛河梁遗址样品2			第一次发掘时出土的红烧土块中红色处	浅红色块状
兵马俑遗址样品			兵马俑遗址一号坑的隔梁上	红色块状

3.1.2 分析方法

本研究主要用到以下几种仪器，它们的用途、型号以及实验过程中的相关参数如下。

1. X射线衍射仪（XRD）

对黏土矿物进行物相分析有很多方法，如化学红外光谱、差热分析等，而X射线衍射法是最重要的方法。它可以利用X射线衍射图谱中不同黏土矿物特征峰的强度进行相对百分含量的计算[①]。

选用Dmax 12kW粉末衍射仪，实验条件为：X射线为CuKα（0.15418nm）；管电压40kV；管电流100mA；石墨弯晶单色器；扫描方式为θ/2θ扫描；扫描速度为8°（2θ）/分；采数步宽0.02°（2θ）；环境温度25.0（±1）℃；湿度20.0（±5）%。依据SY/T6210-1996《沉积岩中粘土矿物总量和常见非粘土矿物X射线衍射定量分析方法》与PDF2粉末衍射数据库进行解谱。

2. 离子色谱仪

离子色谱是高效液相色谱的一种，故又称高效离子色谱（HPIC）或现代离子色谱。分离的原理是基于离子交换树脂上可离解的离子与流动相中具有相同电荷的溶质离子之间进行的可逆交换和分析物溶质对交换剂亲和力的差别。

经常检测的常见离子有：

阴离子：F^-、Cl^-、Br^-、NO_2^-、PO_4^{3-}、NO_3^-、SO_4^{2-}、甲酸、乙酸、草酸等。

阳离子：Li^+、Na^+、NH_4^+、K^+、Ca^{2+}、Mg^{2+}、Cu^{2+}、Zn^{2+}、Fe^{2+}、Fe^{3+}等。

3. 扫描电子显微镜（SEM）

扫描电镜分析的作用是观察样品的显微结构，特点是放大倍率高，可以达到几万倍；景深大，不需要平整的样品。配合能谱可以对样品局部进行元素分析，确定物质的组成元素进而推断成分。

分析仪器：荷兰FEI公司的FEI Quanta 200 FEG环境电子扫描显微镜。

4. Q600SDT TGA-DTA-DSC同步测定仪

本文研究的红烧类文物都经过火烧。土经火烧的温度，是需要关注的重要指标，它影响着风化特征。

热分析仪器可同时测量样品的各种热数据。该仪器主要用于探索遗址中红烧土的过火温度，方法是通过已知温度样品的测定摸索其中的规律，再测定遗址中的红烧土，

---

① 陈洪起, 赵杏媛. 一种定量测定粘土矿物的X射线衍射方法 [J]. 矿物岩石, 1989, 9 (4): 91.

根据已有的规律和图谱解析遗址中红烧土的过火温度。

测试温度范围：室温至1300℃

重量灵敏度：0.1μg

应用范围：测定材料的热重曲线和热焓量变化曲线

生产厂家：美国 Thermal Analysis 公司

5. 万能材料实验机

仪器能够自动记录相关数据并完成抗压强度图谱的绘制，通过比较样品最大抗压强度值，可以了解样品的稳定状况以及加固保护材料的效果。

仪器型号为instron3369，最大载荷50kN，横梁移动速度5mm/min，数据率10点/s。

6. 抗钻仪

抗钻仪是基于钻头在钻入样品时不同强度样品对钻头的阻力不同这一原理工作的。强度越高，对钻头的阻力越大，测量这种阻力就可以获得所测样品的强度，同时根据不同位置处样品强度的变化，可以推测加固材料在样品内部的分布状况。仪器设置有压力传感器和位移传感器，可同时检测对样品进行钻进时的压力和位移，并形成压力—位移曲线。

本实验中使用的仪器是德国生产的抗钻仪，型号为TERSIS，钻头直径3mm，钻头施加1kg恒定压力，抗钻强度单位s/mm（秒/毫米）。

7. 高压孔隙结构仪

孔隙分布的检验方法有光学法、等温吸附法、汞压入法等。本实验采用汞压入法，根据ISO 5017: 1998（E）测量孔隙率的方法测量。

高压孔隙结构仪（压汞仪）的主要功能是在不同的压力下将汞压入样品的孔隙中，测定并记录下压力与压入样品的汞体积之间的对应变化关系，从而测定出样品的孔隙结构特征参数。

使用仪器为美国QUANTACHROH公司生产的压汞孔隙仪，最大压力为33000PSIA（2250atm），压入的最小孔径为32Å。实验中测量土样在14000-32Å范围内的孔径分布情况。

8. 色差仪

可以直接测出L*、a*、b*、ΔL*、Δa*、Δb*、ΔE（L*代表明度值，a*和b*代表色度值，ΔE代表色差综合值）。通过比较测得的ΔE值可以得出样品外观颜色的变化。

使用仪器为日本柯尼卡美能达生产的色差仪，型号为CM-2600d。

第二节　几个主要遗址的红烧土样品分析

3.2.1　大河村遗址红烧土样品分析

在大河村遗址中的3个不同位置选取具有代表性的样品以备分析检验。其中样品1为酥松的红色块状，样品2为已风化的红色粉末，样品3为深红色未风化块状。

3.2.1.1　XRD半定量分析

矿物组成成分是红烧土的基本特性，对大河村遗址的3件红烧土样品进行X射线衍射半定量分析，实验结果见表3-2。

表3-2　大河村遗址红烧土样品X射线衍射矿物成分分析*

编号	石英	云母	钠长石	微斜长石	滑石	闪石	赤铁矿	白云石	蒙脱石	高岭石	黄铁矿
1	62%	5%	25%	7%	—	1%	—	—	＜1%	—	—
2	48%	8%	24%	17%	—	—	—	—	＜1%	1%	1%
3	41%	6%	23%	26%	＜1%	＜1%	＜1%	1%	1%	—	—

*结果可以看出，大河村遗址红烧土的主要矿物成分是石英、长石与云母，膨胀性较强的蒙脱石含量极少。

从各种矿物相对含量的具体数值看，尽管3件样品取自同一个遗址，但是并不完全相同，这说明整个遗址中红烧土的矿物组成成分大体近似，但是不同位置红烧土的矿物含量并不均一。

3.2.1.2　扫描电镜观察

通过扫描电镜可以观察样品的微观形貌结构，有助于了解样品的内部信息，进而更好地研究红烧土的特性。分别取上述3件样品的一部分，用扫描电镜进行微观形貌观察，结果见图3-1。

从样品1的低倍扫描电镜照片可以清晰看出，较大颗粒被无定形小颗粒包裹形成网状结构；样品3低倍率扫描电镜照片可见大颗粒在小颗粒中悬浮，高倍率下可见尖锐的颗粒和无定形的颗粒相互混杂在一起。大的孔洞出现，也许显示着某些物质的烧蚀，但是未见明显的玻璃化状况。

从3件样品扫描电镜低倍率照片看，它们的微观形貌结构基本相同，矿物颗粒萎缩，具有明显的烧结痕迹，颗粒之间空隙较大，大致在10μm左右，样品整体呈酥松

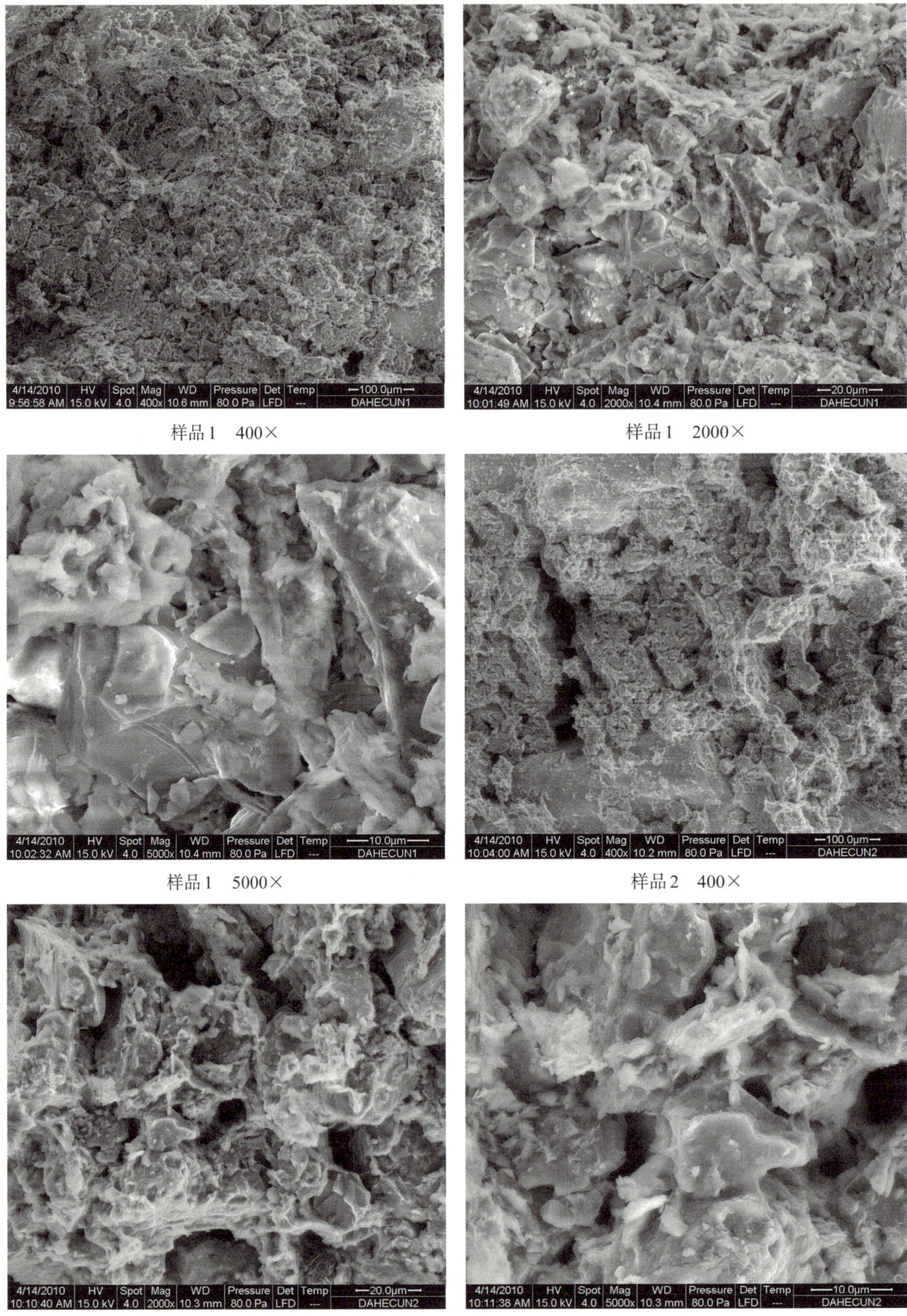

样品1　400×

样品1　2000×

样品1　5000×

样品2　400×

样品2　2000×

样品2　5000×

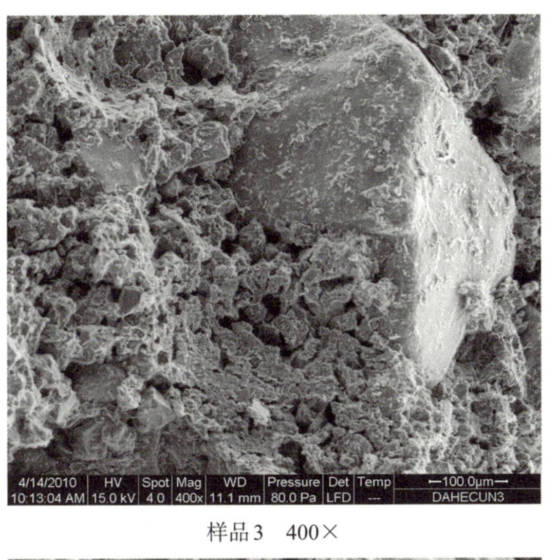

样品3　400×

样品3　2000×

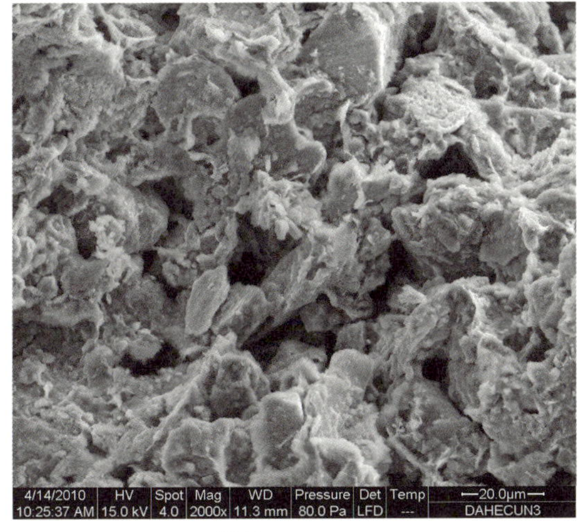

样品3　2000×

样品3　5000×

图3-1　大河村遗址红烧土样品扫描电镜照片

的网状结构。放大倍率后进一步观察，发现矿物颗粒大小并不均一，较大颗粒直径在20μm左右，小的颗粒只有1—2μm，这说明土矿物颗粒大小不一，非常混乱。样品3可以看到土中夹杂有大的石英颗粒，推测泥土可能是经过处理，比如添加一些防止膨胀开裂的材料等，与夹砂陶的目的一样，反映了古人的智慧。

3.2.1.3　离子色谱分析

大河村遗址的粉状风化现象比较明显，推测有可溶盐存在。为了确定盐类的存在以及大致含量，对所取的3件样品进行了离子色谱分析，实验结果见表3-3。

表3-3　大河村遗址红烧土样品离子色谱分析

无机阳离子

样品名称	总含量（mg/kg）		
	Na^+	K^+	Mg^{2+}
大河村样品1	1927.24	357.32	487.70
大河村样品2	1942.61	159.82	323.70
大河村样品3	1154.76	84.91	149.54

无机阴离子

样品名称	总含量（mg/kg）		
	Cl^-	NO_3^-	SO_4^{2-}
大河村样品1	2746.78	4728.52	203.42
大河村样品2	2651.08	3830.56	8298.83
大河村样品3	1101.96	2399.76	718.85

从测试结果可以看出，大河村遗址的3件样品含盐量都很高，多以硫酸盐与硝酸盐类存在，通过计算得知它们的含盐量依次为10.4g/kg、17.2g/kg和5.6g/kg，其中2号已风化样品含盐量最高，以Na_2SO_4为主。Na_2SO_4等盐类结晶时会吸收大量水分，造成体积膨胀，使土颗粒之间空隙增大变得松散，导致遗址风化。这种现象在大河村遗址中大面积存在，几乎占据遗址面积的90%以上。

3.2.1.4　热分析

差示扫描量热法（DSC）是在程序控制温度下，测量输给物质和参比物的功率差与温度关系的一种技术；热重分析（TG）是在程序控制温度下，测量物质质量与温度关系的一种技术①。

不同温度下形成的红烧土，其矿物种类及含量和微观形貌结构有着很大差别，物理化学性质和机械性能也不相同。为大致了解大河村遗址中红烧土的过火温度，对有代表性的1号样品进行热分析测试，结果见图3-2。

图3-2中，从上到下第一条曲线是热重曲线，即样品重量随温度的变化曲线；第二条曲线是差热曲线，即样品的热焓量随温度的变化曲线；第三条曲线是样品重量与热焓量随温度变化的微积分曲线。

3.2.1.5　孔径分布

孔径分布（pore-size distribution）指土壤中不同大小孔隙的容积分量。

① 刘振海，畠山立子. 分析化学手册: 第六分册 [M]. 北京: 化学工业出版社, 1994: 8-11.

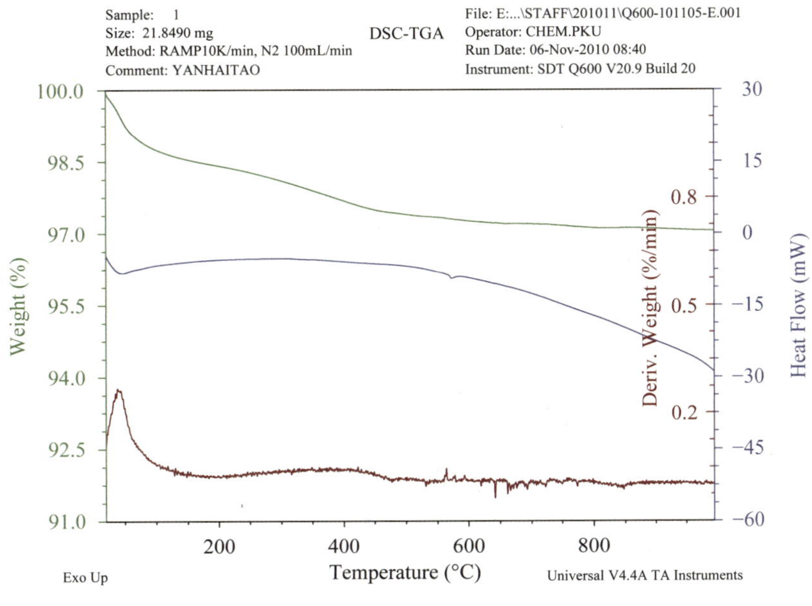

图3-2 大河村遗址1号样品热分析曲线图

矿物质孔径的尺寸大小、形状、数量与它的某些性质如吸附性等有密切的关系。因此，测定红烧土样品的孔容、孔径分布具有重要的意义。所谓孔容、孔径分布是指不同孔径的孔容积随孔径尺寸的变化率。

采用汞压入法对大河村遗址3号红烧土样品进行测定，结果见表3-4和图3-3。

表3-4 大河村遗址3号样品孔隙率和平均孔径数据

样品名称	平均孔径（nm）	表观密度（g/mL）	孔隙率（%）
大河村遗址3号样品	226.3	2.3464	29.0117

从图3-3可以看出，孔径大小在1.0E＋6nm与3nm之间，样品颗粒孔面积与孔体积的累积值分别大约为3.2m^2/g和0.175mL/g；孔径尺寸在2500nm左右的样品颗粒最多，大约为0.24mL/g。

3.2.1.6 比表面积

土颗粒比表面积的大小，对它的热学性质、吸附能力、化学稳定性等均有明显的影响，一般比表面积大的多孔物质吸附能力强。

黏土矿物是多孔物质，不仅具有不规则的外表面，还有复杂的内表面。通常称1g固体所占有的总表面积为该物质的比表面积。测定比表面积的方法有气体吸附法和溶液吸附法两类，本实验采用BET多点法测试样品的比表面积①。

① 于天仁. 土壤化学原理 [M]. 北京: 科学出版社, 1987: 159.

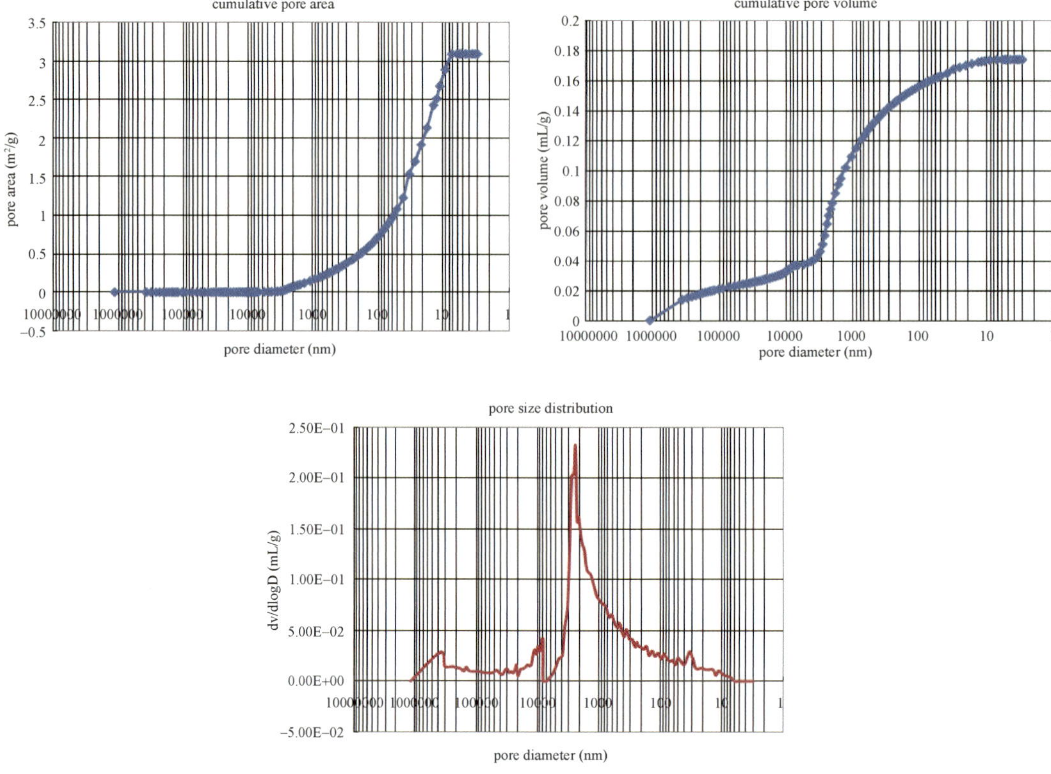

图3-3　大河村遗址3号样品的孔面积、孔体积和孔径分布图

对大河村遗址3号红烧土样品进行测试，得出比表面积为1.70m^2/g，与一般生土的比表面积（20m^2/g以上）相比非常小，可能是因为红烧土在形成时过火温度较高，部分矿物被烧结而收缩。

3.2.2　钧窑遗址红烧土样品分析

钧窑遗址的红烧土处于窑室外层。窑炉和附近土的外观颜色从内到外由砖红→浅红→黄→浅黄到生土，能清晰看出它们是由于焙烧温度不同而成层状分布。表层生土部分被取走，观察发现浅红色部分风化最为严重。取部分浅红色风化样品和黄色块状样品以备分析测试。

3.2.2.1　XRD半定量分析

取少量浅红色风化样品，通过X射线衍射分析得出其矿物组成及相对含量，结果见表3-5。

表3-5 钧窑遗址2号红烧土样品X射线衍射矿物成分分析

样品	云母	石英	斜长石	微斜长石	闪石	绿泥石	石膏
钧窑遗址2号	4%	61%	25%	6%	1%	1%	1%

钧窑遗址红烧土样品的矿物组成主要是石英、长石和云母，少量石膏的出现可能是由于硫酸盐含量过高，存在含量1%的绿泥石则说明该部分红烧土的过火温度不高。

3.2.2.2 扫描电镜观察

取少量浅红色样品，运用扫描电镜进行显微观察，结果见图3-4。

500×

1000×

2000×

图3-4 钧窑遗址2号红烧土样品扫描电镜照片

从电子扫描电镜照片上可以看出，钧窑遗址红烧土样品的颗粒大小不均匀，颗粒间空隙率较大，这印证了红烧土在形成之前没有经过人为精细加工，是堆积土在烧制瓷器过程中伴随着窑室的升温而自然形成的。

3.2.2.3 离子色谱分析

病害调查已经发现，可溶盐的破坏很可能是钧窑遗址红烧土风化的一个主要原因，在整个遗址内随处可见大量白色结晶。为了解可溶盐的种类和含量，运用离子色谱对样品进行定性定量分析，测试结果见表3-6。

表3-6 钧窑遗址红烧土样品离子色谱分析数据

无机阳离子

样品名称	总含量（mg/kg）			
	Na^{+}	K^{+}	Mg^{2+}	Ca^{2+}
钧窑遗址1	646.01	16.64	228.35	1600.13
钧窑遗址2	1332.25	21.28	470.82	4119.47

无机阴离子

样品名称	总含量（mg/kg）		
	Cl^{-}	NO_3^{-}	SO_4^{2-}
钧窑遗址1	845.01	6076.14	1395.57
钧窑遗址2	538.74	4919.53	12808.70

从表3-6数据可以看出，钧窑遗址红烧土的可溶盐以硫酸盐和硝酸盐为主，硫酸盐含量最高。风化样品的可溶盐含量远远高于未风化样品，可以推断可溶盐的结晶产生的张力破坏是遗址风化的一个主要原因。

3.2.2.4 热分析

对钧窑遗址取回的2号红色风化样品进行热分析，结果见图3-5。

从图3-5中热重曲线可以看出，样品在0—600℃温度范围内，失重率大约为3.4%，600—1000℃之间失重率不足0.6%；差热曲线在119.2℃处有明显的峰值出现，可能是水分蒸发吸热所致。

3.2.2.5 孔径分布

采用汞压入法测定钧窑遗址1号红烧土样品的孔径分布，测定结果见表3-7和图3-6。

表3-7 钧窑遗址1号样品孔隙率和平均孔径数据

样品名称	平均孔径（nm）	表观密度（g/mL）	孔隙率（%）
钧窑遗址1号样品	186.6	2.1533	34.5413

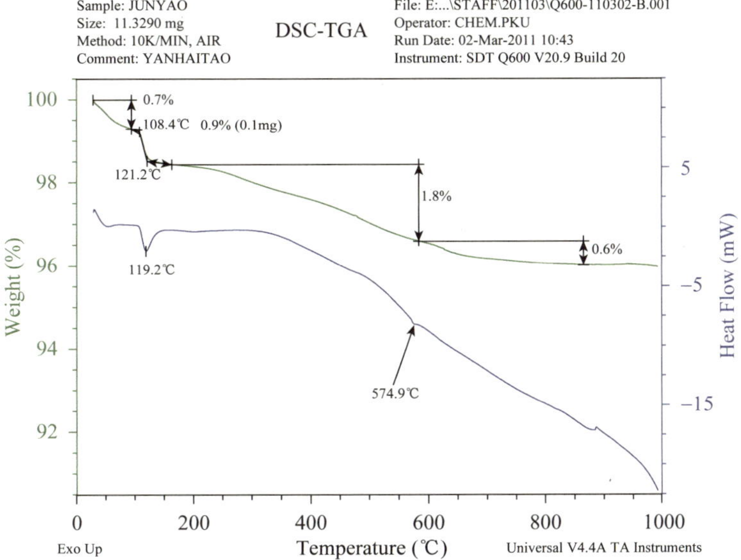

图3-5 钧窑遗址2号红烧土样品热分析曲线图

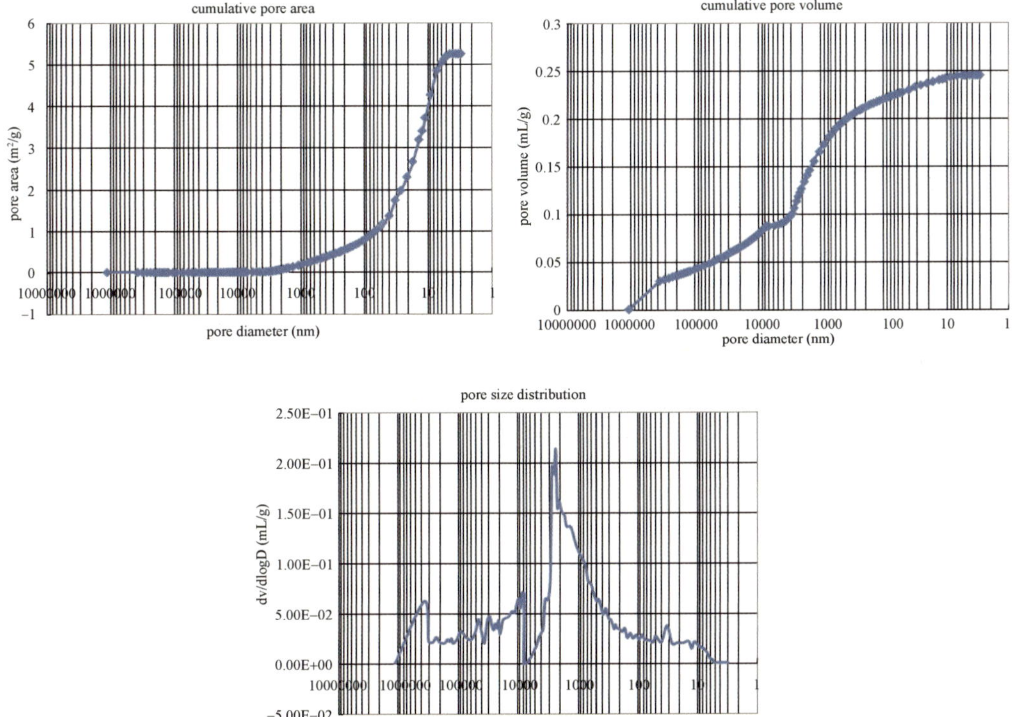

图3-6 钧窑遗址1号样品的孔面积、孔体积和孔径分布图

从图3-6可以看出，孔径大小在1.0E+6nm与3nm之间，样品颗粒孔面积与孔体积的累积值分别大约为5.3m^2/g和0.24mL/g；孔径尺寸在2500nm左右的样品颗粒最多，大约为0.22mL/g。

3.2.2.6 比表面积

应用BET多点法对钧窑遗址2号红烧土样品进行测试，得出其比表面积为6.81m^2/g，不足一般生土比表面积的一半。

3.2.3 牛河梁遗址红烧土样品分析

牛河梁1号地点的红烧土遗址中，既有精美的泥塑，又有附带壁画的墙壁，从外观看一些样品外部呈红色，内部呈黑色，说明过火温度差别较大。

选取牛河梁遗址1号地点出土的红烧土块作为研究对象，从同一块红烧土块上取样品少量，依次运用以下几种方法进行分析。

3.2.3.1 XRD半定量分析

通过X射线衍射半定量分析得出牛河梁遗址红烧土样品的矿物成分，见表3-8。

表3-8 牛河梁遗址红烧土样品X射线衍射矿物成分分析

编号	石英	方解石	斜长石	云母	绿泥石	闪石	微斜长石	伊利石	蒙脱石
牛河梁1	32%	12%	27%	2%	4%		23%		
牛河梁2	40%		27%			2%	18%	11%	1%

样品的矿物组成很不均匀，以石英和长石为主，其他矿物含量多少不一。

3.2.3.2 扫描电镜观察

通过扫描电镜对牛河梁遗址2号红烧土样品进行微观形貌观察，结果见图3-7。

从放大500倍后的扫描电镜照片可以清晰看出，牛河梁遗址中的红烧土样品质地较为致密，土颗粒之间基本不见空隙。2000倍下观察可见直径10μm左右，成片状萎缩致密类似烧结的土壤颗粒。

3.2.3.3 离子色谱分析

通过离子色谱分析得出牛河梁遗址2号红烧土样品的无机阳离子和无机阴离子的具体含量，见表3-9。

200×

500×

3/1/2011 HV Spot Mag WD Pressure Det Temp 50.0μm
9:18:33 AM 15.0 kV 4.0 1000x 11.5 mm 80.0 Pa LFD --- NHLBH-2

1000×

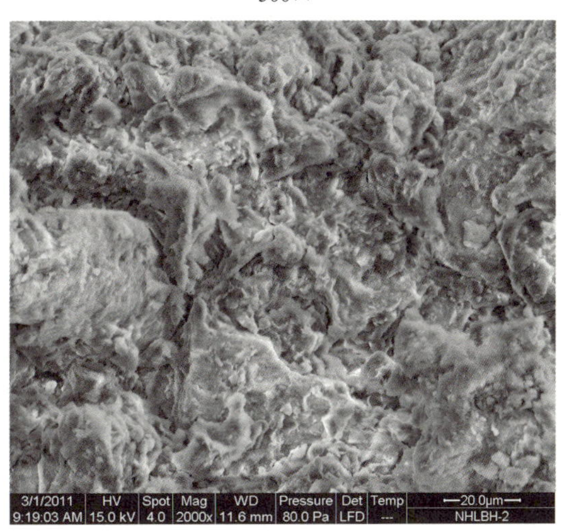

2000×

图3-7 牛河梁遗址2号样品扫描电镜照片

表3-9 牛河梁遗址红烧土样品离子色谱分析数据

无机阳离子

样品名称	总含量（mg/kg）			
	Na^{+}	K^{+}	Mg^{2+}	Ca^{2+}
牛河梁2	20.42	4.60	43.94	73.47

无机阴离子

样品名称	总含量（mg/kg）		
	Cl^{-}	NO_3^{-}	SO_4^{2-}
牛河梁2	11.89	35.67	84.71

从实验结果可以看出，牛河梁遗址红烧土样品中的可溶盐含量较低。可能是因为

遗址地势较高，埋藏紧密，没有揭露，受表面水汽蒸发影响小，无流动的地下水，并且牛河梁遗址位于东北地区，土壤中的可溶盐含量较少。

3.2.3.4 热分析

对牛河梁遗址取得的红烧土样品进行热分析，结果见图3-8。

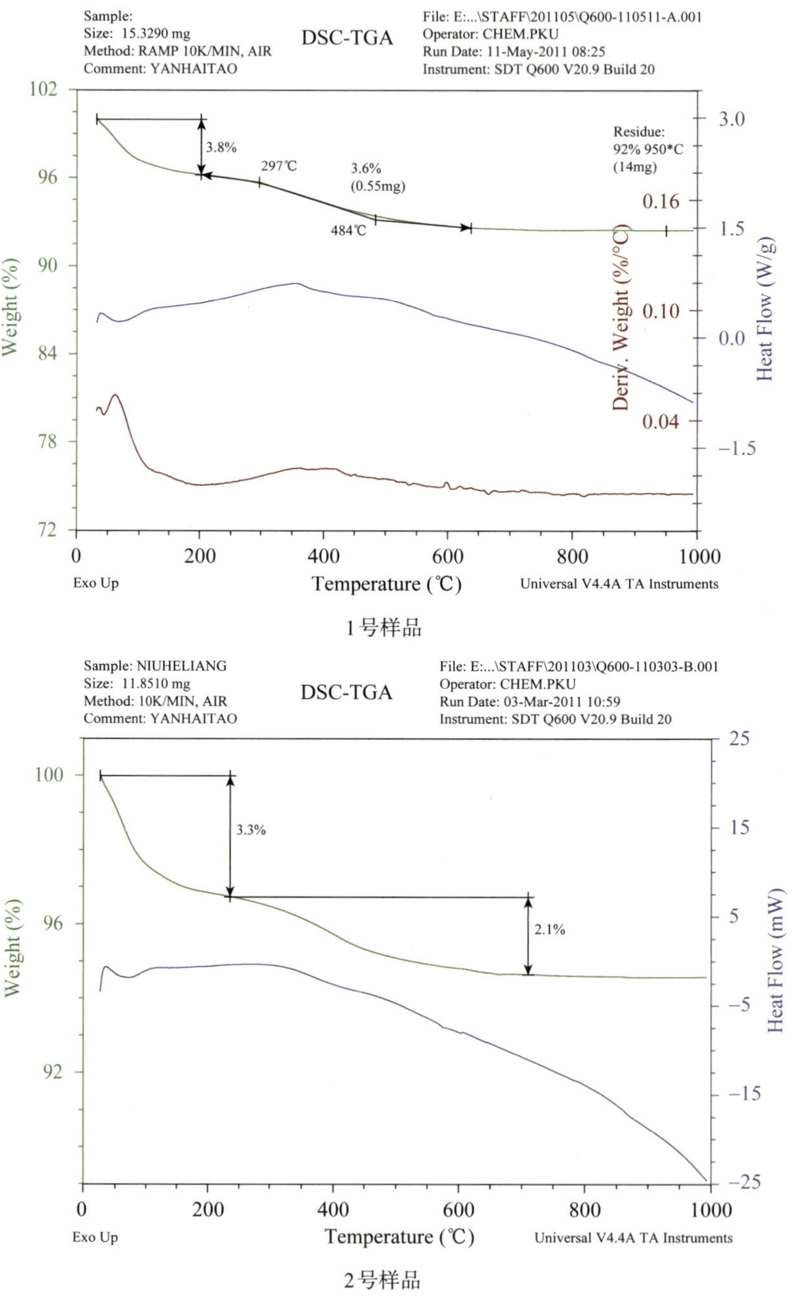

图3-8 牛河梁遗址红烧土样品热分析曲线图

从图3-8可以看出，1号样品在0—500℃温度范围内，失重率达到7.4%；2号样品在0—700℃温度范围内，失重率为5.4%左右；700℃以后2件样品的热重曲线变成平滑直线，失重现象基本结束。2件样品的差热曲线总体上都呈平缓下降趋势。

3.2.3.5 孔径分布

采用汞压入法测定牛河梁遗址2号样品的孔径分布，测定结果见表3-10和图3-9。

表3-10 牛河梁遗址2号样品孔隙率和平均孔径数据

样品名称	平均孔径（nm）	表观密度（g/mL）	孔隙率（%）
牛河梁遗址2号样品	125.7	2.4514	39.4253

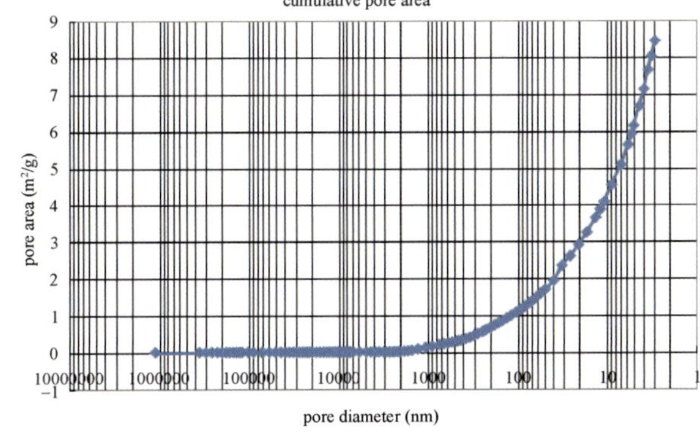

图3-9 牛河梁遗址2号样品的孔面积、孔体积和孔径分布图

从图3-9可以看出，孔径大小在1.0E+6nm与3nm之间，样品颗粒孔面积与孔体积的累积值分别大约为8.5m^2/g和0.27mL/g；颗粒的孔径分布曲线上出现两个明显的峰，分别在1500nm和150000nm左右，分别对应的峰值大约为0.20mL/g和0.125mL/g。

3.2.3.6 比表面积

应用BET多点法对牛河梁遗址2号红烧土样品进行测试，得出其比表面积为22.60m^2/g。

3.2.4 兵马俑遗址红烧土样品分析

从兵马俑遗址一号坑隔梁上部的烧土遗迹部位取少量土样进行分析。

3.2.4.1 XRD半定量分析

对取好的样品进行XRD定量分析，分析结果见表3-11。

表3-11 兵马俑遗址红烧土样品X射线衍射矿物成分分析

样品	石英	斜长石	微斜长石	云母	闪石	绿泥石	方解石	白云石
兵马俑	44%	14%	4%	10%	2%	6%	17%	3%

兵马俑遗址中红烧土样品的矿物组成较为丰富，以石英为主，长石、云母和方解石的相对含量基本相当，绿泥石和白云石相对含量也较大。

3.2.4.2 扫描电镜观察

运用电子扫描电镜对样品进行微观形貌观察，结果见图3-10。

从放大500倍照片可以看出，整体而言，红烧土颗粒之间的空隙较小，比较致密，个别地方空隙较大，这说明样品不太均匀。放大2000倍看，土颗粒呈大小不均的片状结构，没有发现与一般土颗粒相比较为特别的地方。

500×

500×

1000×

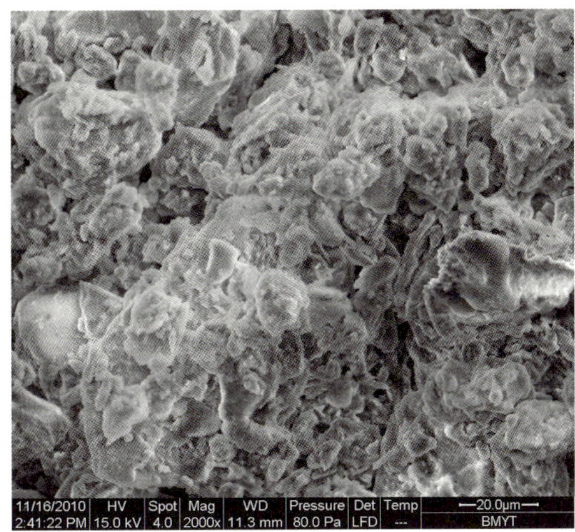

2000×

图3-10 兵马俑遗址红烧土样品扫描电镜照片

3.2.4.3 离子色谱分析

为了解遗址中可溶盐含量的状况，对样品进行了离子色谱定性定量分析，数据见表3-12。

表3-12 兵马俑遗址红烧土样品离子色谱分析数据

无机阳离子

样品名称	总含量（mg/kg）			
	Na^+	K^+	Mg^{2+}	Ca^{2+}
兵马俑遗址	96.23	13.85	76.05	495.19

无机阴离子

样品名称	总含量（mg/kg）		
	Cl^-	NO_3^-	SO_4^{2-}
兵马俑遗址	417.74	321.61	232.60

从表中数据可以看出，兵马俑遗址的红烧土可溶盐含量相对较低，但遗址所处环境的地下水位较高，夏天天气干燥，蒸发量大，仍然不可忽视在水汽向上蒸发的过程中可溶盐结晶对遗址的破坏。

3.2.4.4 热分析

为了大致了解遗址中红烧土样品的过火温度，对取自遗址的红烧土样品进行热分析，实验结果见图3-11。

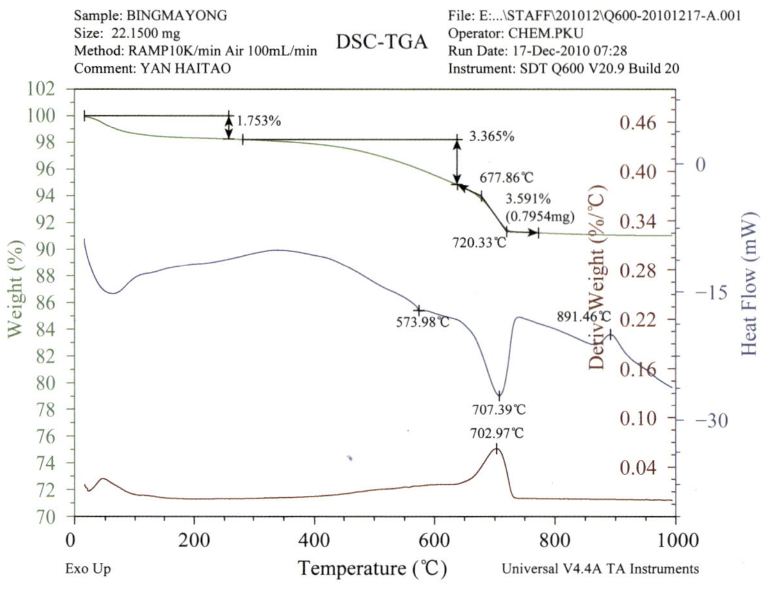

图3-11 兵马俑遗址红烧土样品热分析曲线图

从图3-11中的热重曲线看，样品在0—700℃温度范围内，失重率为8.5%左右，700—1000℃之间几乎没有失重出现；差热曲线在707.39℃出现很大的吸热峰，这可能是方解石和白云石发生分解反应的缘故[①]。

3.2.4.5 孔径分布

采用汞压入法测定兵马俑遗址红烧土样品的孔径分布，测定结果见表3-13和图3-12。

表3-13 兵马俑遗址红烧土样品孔隙率和平均孔径数据

样品名称	平均孔径（nm）	表观密度（g/mL）	孔隙率（%）
兵马俑遗址	132	2.2804	34.7816

从图3-12可以看出，孔径大小在1.0E＋6nm与3nm之间，样品颗粒孔面积与孔体积的累积值分别大约为7.2m^2/g和0.24mL/g；样品颗粒的孔径分布曲线上出现两个峰，分别在8500nm和3500nm左右，对应的峰值分别大约为0.25mL/g和0.22mL/g。

3.2.4.6 比表面积

应用BET多点法对兵马俑遗址红烧土样品进行测试，得出其比表面积为20.02m^2/g。

① 殷念祖, 等. 烧结砖瓦工艺 [M]. 北京: 中国建筑工业出版社, 1983: 539.

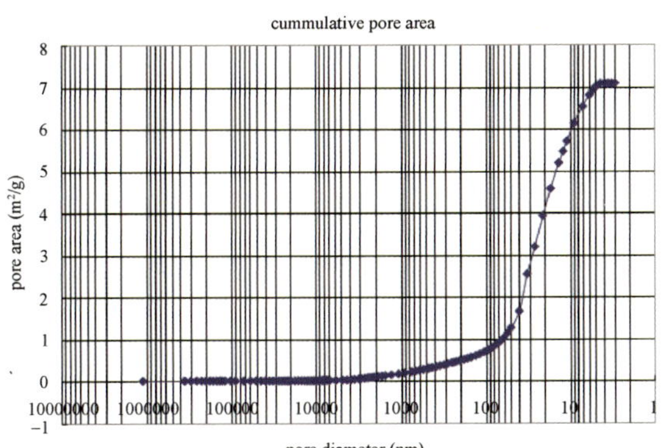

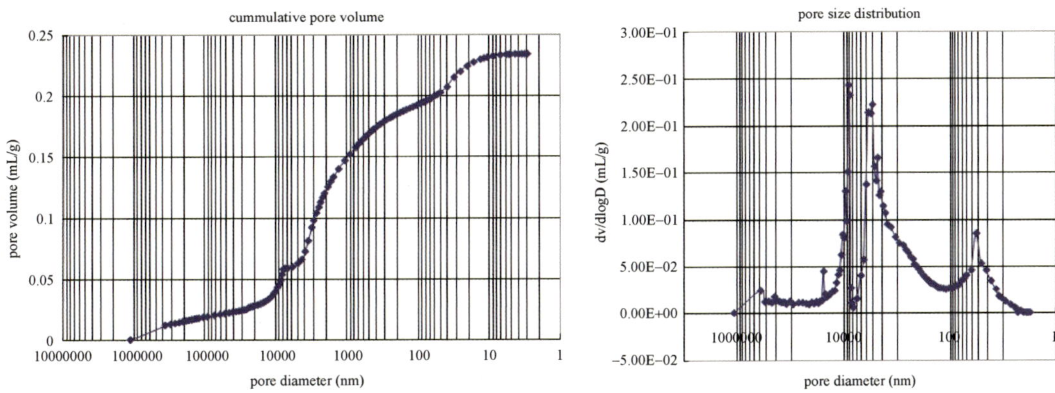

图3-12 兵马俑遗址红烧土样品的孔面积、孔体积和孔径分布图

第三节 红烧土的模拟烧制

通过对红烧土类文物的病害调查与分析，可知我国红烧土类文物的病害总的来说可能是由两方面因素引起的。

一方面是红烧土自身性质：红烧土类文物的土质不好，制作不够精细或者根本没有进行处理，在形成之时由于烧成温度较低等致使烧成的红烧土本身不够坚固。另一方面可能与自然和人为因素有关：我国的红烧土类文物大都时代久远且处于自然环境中，多数是被废弃掩埋或暴露于自然状态，受各种自然因素的影响破坏严重。此外，一些发掘后展示的遗址由于条件简陋，也出现了新的破坏。

为了了解过火红烧土的病害特点，对几个典型的过火红烧土遗址进行了现场调查和取样分析，掌握了一些信息，但是要了解过火红烧土的破坏成因，还需要了解其过火过程中的变化，因此进行了生土焙烧形成红烧土的实验，并对不同焙烧温度的样品进行了相关分析检测。

3.3.1 土壤中的胶结物质[①]

在研究红烧土之前，先了解下未经火烧土壤胶结物质的概况，以便从对比中找到两者的区别，这也是对红烧土特性研究的进一步深入，同时为第四章材料选择“对症下药”做好准备。总体来说，土壤中的胶结物质有以下三种。

1. 有机胶体

主要包括土壤中的腐殖质、微生物分解有机物质所产生的多糖类物质，以及微生物产生的粘液等。

腐殖质是形成水稳性团粒结构的重要的胶结剂。腐殖质（胡敏酸）与钙结合变成凝胶状态，具有良好的黏结作用，但具有不可逆性。

土壤中的细菌能产生一些多糖物质，多糖是一种线性的挠曲的高分子聚合体，其链条上有大量的-OH基与粘粒借氢键连接，对团粒的水稳性作用较为显著。因为长链可覆盖在黏结表面，粘粒表面为疏水的氢键所覆盖，从根本上改变了粘粒的水合性和胀缩性，使其成为多糖类，与粘粒形成团聚体后，稳定性大为增强。

2. 无机胶体

土壤中的无机胶体包括粘粒、铁铝的氢氧化物、硅酸等。

粘粒是土壤中另外一类重要的胶结物质，它能和有机质结合成有机—无机复合体，是形成土壤团粒的基础。粘粒和铁铝氧化物、硅酸在一定的水分条件下，胶粒间的偶极水分通过吸收阳离子而相连，使粘粒结合成小土团，当水分减少时，水分子构成的链条缩短，粘粒即相接触而形成团粒。如此形成的团粒不具水稳性，遇水易散。

3. 钙及其他阳离子的作用

钙及其他高价的金属离子对土壤带负电的腐殖质及粘粒有凝聚作用，凝聚成的化合物是不溶性的，因而形成的结构稳定性较强。

有机物的分解温度是很低的，因此可以推测，很可能就是由于土壤中存在的这些有机胶结物质在某个较低温度下经过大火烧后发生分解，失去了黏结能力，而在那个温度下熔融态的无机胶结物质还没有形成，这时红烧土强度最低，更加容易受到病害侵扰而被破坏。这些推测是否正确还需要经过实验的印证。

---

① 西北农业大学. 土壤学（北方本）[M]. 西安: 农业出版社, 1996: 121-127.

3.3.2 土样制备

1. 选土

虽然各个遗址的过火红烧土中矿物的组成和含量并不完全相同，但通过X射线衍射分析可见，它们的矿物组成大体基本类似，都以石英和长石为主，为土壤矿物。

为了模拟过火红烧土的形成过程，本研究选择北京昌平次生黄土为实验材料。黄土采自北京昌平东园子附近的山坡上。

制样时将50kg干燥的次生黄土，去掉大颗粒，粉碎，过筛（20目），喷水搅拌均匀后密封存放72小时，使得水分扩散均匀。在温度20℃、空气相对湿度20%条件下，测定其稳定含水率为10%。

2. 制备标准土样

制备标准土样，是为了便于性能检验，比如抗压强度的检测就需要标准的试样。

使用的工具：制抗压试模，北京工具厂生产，公路土工实验用。内径φ50mm×200mm的钢筒一个，φ50mm×50mm的钢柱一个，φ50mm×100mm的钢柱一个，10吨千斤顶一个。

方法：称取湿土160g，用制抗压试模将其压制成一个φ50mm×50mm圆柱形标准土样，制备好72个样品放在实验室内自然干燥，两个月后称取重量并计算得到平均值为139.79g。

3.3.3 样品烧制

把自然干燥后的土柱放在天津市泰斯特仪器有限公司生产的SX-4-10型箱式电阻炉控制箱（后文简称“马弗炉”）中，待温度升到预先设定好的温度后，恒温两个小时，自然冷却后取出样品，放在实验位置以备分析检验。将72个土样分成九组，每组8个样品，依次从100℃到900℃每隔100℃分为一组，在不同的温度下制备红烧土样品。

第四节 样品在焙烧过程中的变化研究

为了了解不同焙烧温度下制备的红烧土样品在烧失率、外观颜色、矿物成分、微观形貌、比表面积、机械强度等物理化学性质方面的差异，从100—900℃九组样品中进行了取样分析检测和总结，具体分析结果分述如下。

3.4.1 烧失率

在把土样放入马弗炉之前，使用BS2202S型天平（称量范围2200g，精确度0.001g）称量每个样品的重量m_1，放入时记录位置，取出后再次称取重量m_2，通过记录每组样品烧制前后的重量，计算得到它们的烧失率=（m_1-m_2）/ $m_1\times100\%$，取每组八个样品烧失率的平均值，见表3-14。

表3-14 100—900℃各组样品的平均烧失率

焙烧温度（℃）	烧前平均重量（g）	烧后平均重量（g）	平均烧失量（g）	平均烧失率（%）
100	138.83	137.18	1.65	1.19
200	139.99	137.04	2.95	2.11
300	141.64	137.82	3.82	2.70
400	139.33	134.26	5.07	3.64
500	139.63	134.21	5.42	3.88
600	138.74	132.77	5.97	4.30
700	139.75	133.22	6.53	4.67
800	139.72	132.73	6.99	5.00
900	140.50	133.27	7.23	5.15

从表中数据可以看出，随着温度的升高，样品的烧失率逐渐增大，以烧失率数据为纵坐标，温度变化为横坐标做折线图，见图3-13。

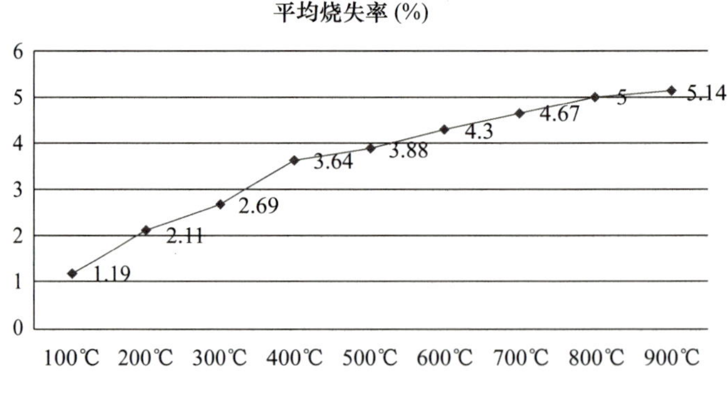

图3-13 100—900℃红烧土样品平均烧失率折线图

从图3-13可以看出，100—900℃折线的斜率（等温差失重率的大小）在减小，这说明随着温度的升高，等温差样品的失重在减小，也即低温阶段失重较为迅速，在高温阶段样品重量趋于恒定，样品重量的损失主要发生在600℃以下的低温阶段。

3.4.2 外观颜色

为了更加清晰地观察样品在焙烧过程中的颜色变化，把不同温度下制备的样品放在一起拍照，见图3-14（从左到右依次是从低温到高温，即100—900℃红烧土样品）。

图3-14 100—900℃红烧土样品外观颜色照片

由图3-14可以清晰看出，样品颜色随着焙烧温度的升高由黄变红，分析得知颜色变化的原因有两个，一是有机物的分解，二是铁氧化物的变化。

未烧前，土的颜色取决于样品中的杂质，有机物含量多时呈灰色甚至黑色，有铁质存在时呈浅黄色。当焙烧到300—400℃时，有机物都已分解挥发，只有铁质存在，如FeS_2在350—450℃以上分解：

$$FeS_2+O_2 \rightarrow FeS+SO_2\uparrow$$

到500—800℃时进一步反应：

$$4FeS+7O_2 \rightarrow 2Fe_2O_3+4SO_2\uparrow$$

这时候的样品一般呈粉红或者肉红色，Fe_2O_3是主要的呈色物质。之后再经更高温度焙烧时，如是氧化焰，则随含铁量的多寡呈色从浅黄、奶黄至红色；如果是还原焰，由于Fe_2O_3被还原为FeO并生成硅酸亚铁，颜色为微微泛青的白色或者青色[①]。由于样品在焙烧过程中氧气充分，其颜色逐渐变红。

3.4.3 矿物成分

从外观颜色可以看出，样品在被加热过程中发生着一系列变化，这些变化直接影响着它的物理化学性质。为了进一步了解样品矿物成分的变化，取每个焙烧温度的红烧土样品进行X射线衍射分析，结果见表3-15。

---

① 西北轻工业学院, 等. 陶瓷工艺学 [M]. 北京: 轻工业出版社, 1993: 15-29.

表3-15　100—900℃红烧土样品X射线衍射矿物成分分析

T/℃	石英	云母	钠长石	微斜长石	绿泥石	滑石	闪石	磁铁矿	赤铁矿	方解石	蒙脱石
100	43%	15%	19%	8%	11%	3%	1%	—	—	—	<1%
200	50%	12%	24%	7%	4%	2%	<1%	—	—	<1%	<1%
300	48%	19%	26%	4%	2%	—	1%	—	—	<1%	—
400	43%	19%	24%	10%	2%	—	1%	—	—	—	—
500	50%	14%	19%	13%	1%	—	2%	—	—	—	<1%
600	41%	21%	25%	6%	—	—	2%	3%	—	—	2%
700	46%	17%	23%	6%	—	4%	1%	<1%	1%	—	1%
800	48%	12%	17%	20%	—	—	1%	—	1%	<1%	—
900	59%	10%	15%	12%	—	—	2%	—	2%	—	—

从X射线衍射结果可以看出，随着焙烧温度的升高，样品的矿物组成成分越来越少，当样品被加热到600℃及以后，绿泥石成分消失，这是因为600—700℃之间绿泥石有一个大的脱羟转变①，这可以作为判断未知样品过火温度的一个重要依据。

3.4.4　微观形貌

在土柱的相同位置，取各个焙烧温度下的红烧土样品，用扫描电镜分别进行微观形貌观察，见图3-15。

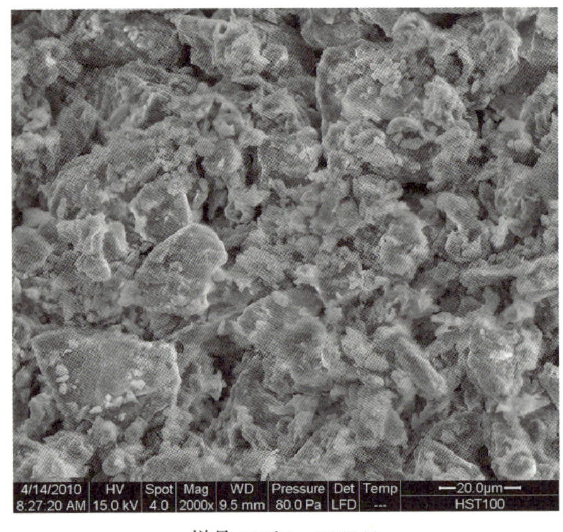

样品100℃　2000×

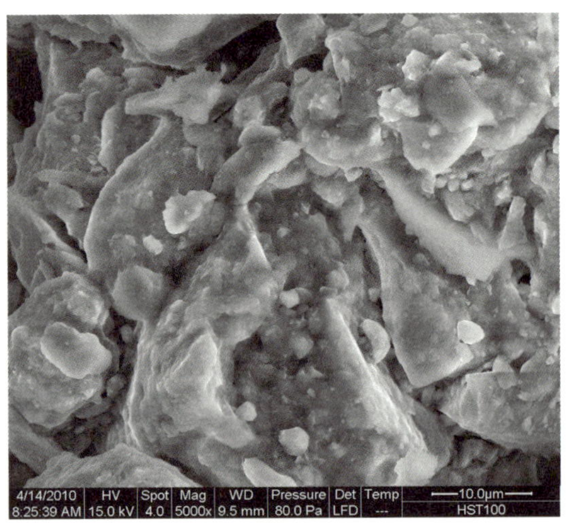

样品100℃　5000×

① 杨雅秀. 绿泥石族矿物热学性质的研究 [J]. 矿物学报, 1992, 12 (1): 26.

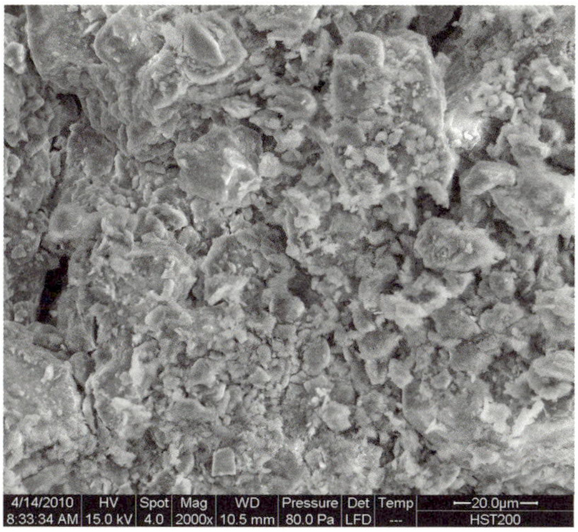

样品200℃　2000×

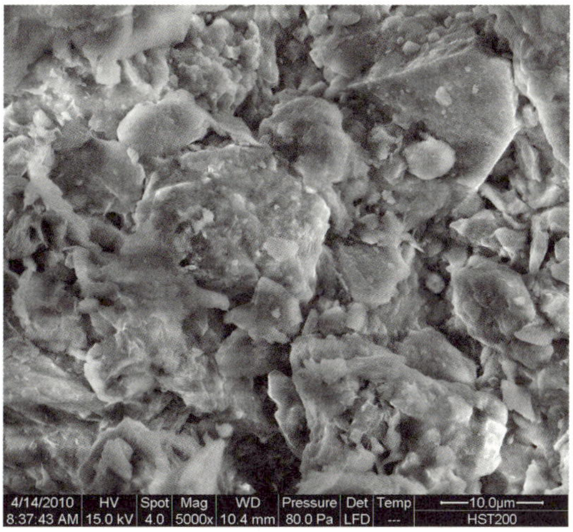

样品200℃　5000×

样品300℃　400×

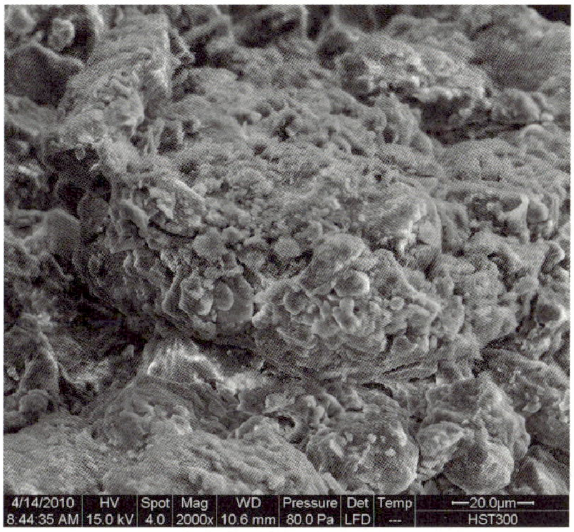

样品300℃　2000×

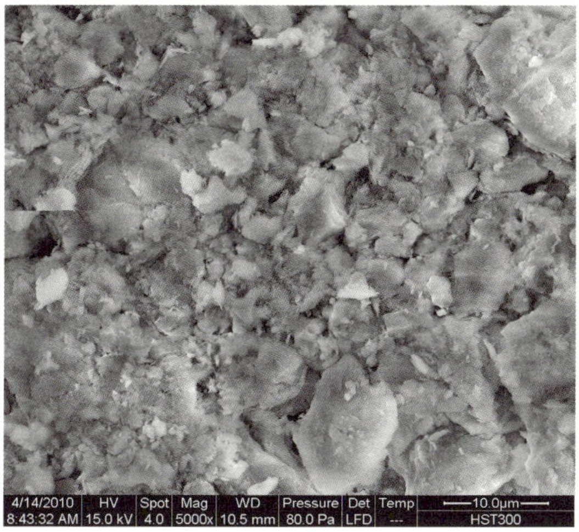

样品300℃　5000×

样品400℃　400×

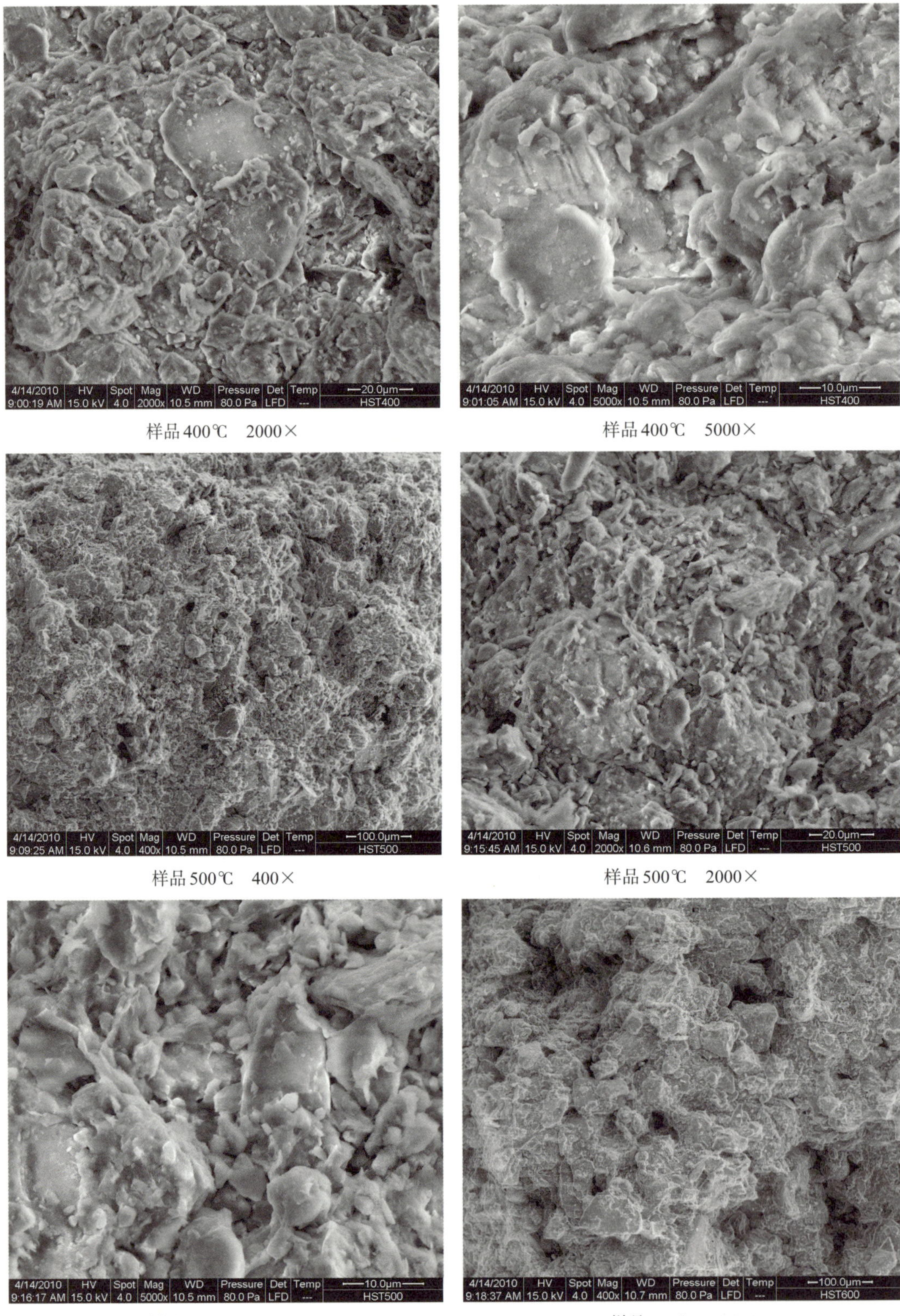

样品400℃　2000×

样品400℃　5000×

样品500℃　400×

样品500℃　2000×

样品500℃　5000×

样品600℃　400×

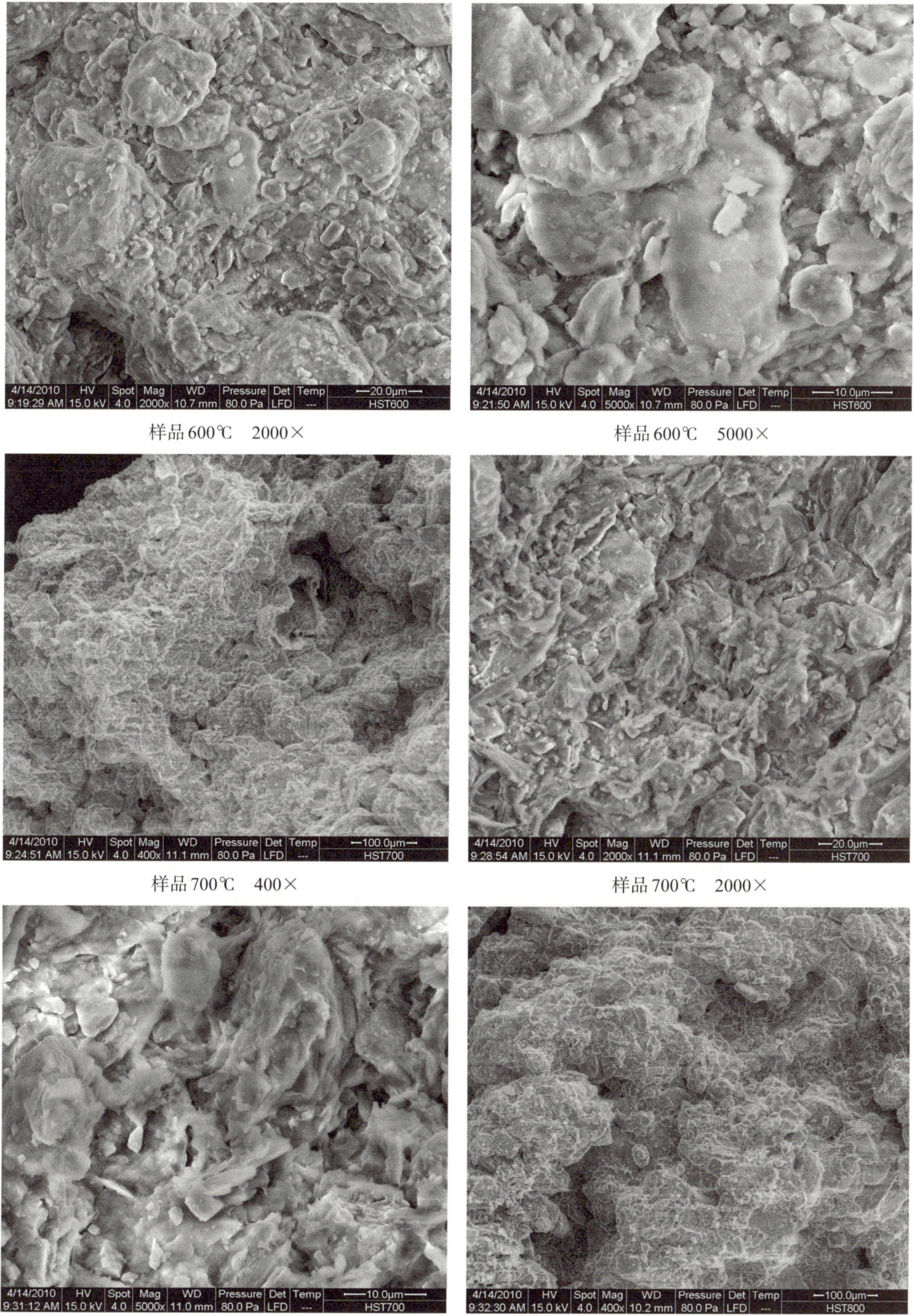

样品600℃　2000×

样品600℃　5000×

样品700℃　400×

样品700℃　2000×

样品700℃　5000×

样品800℃　400×

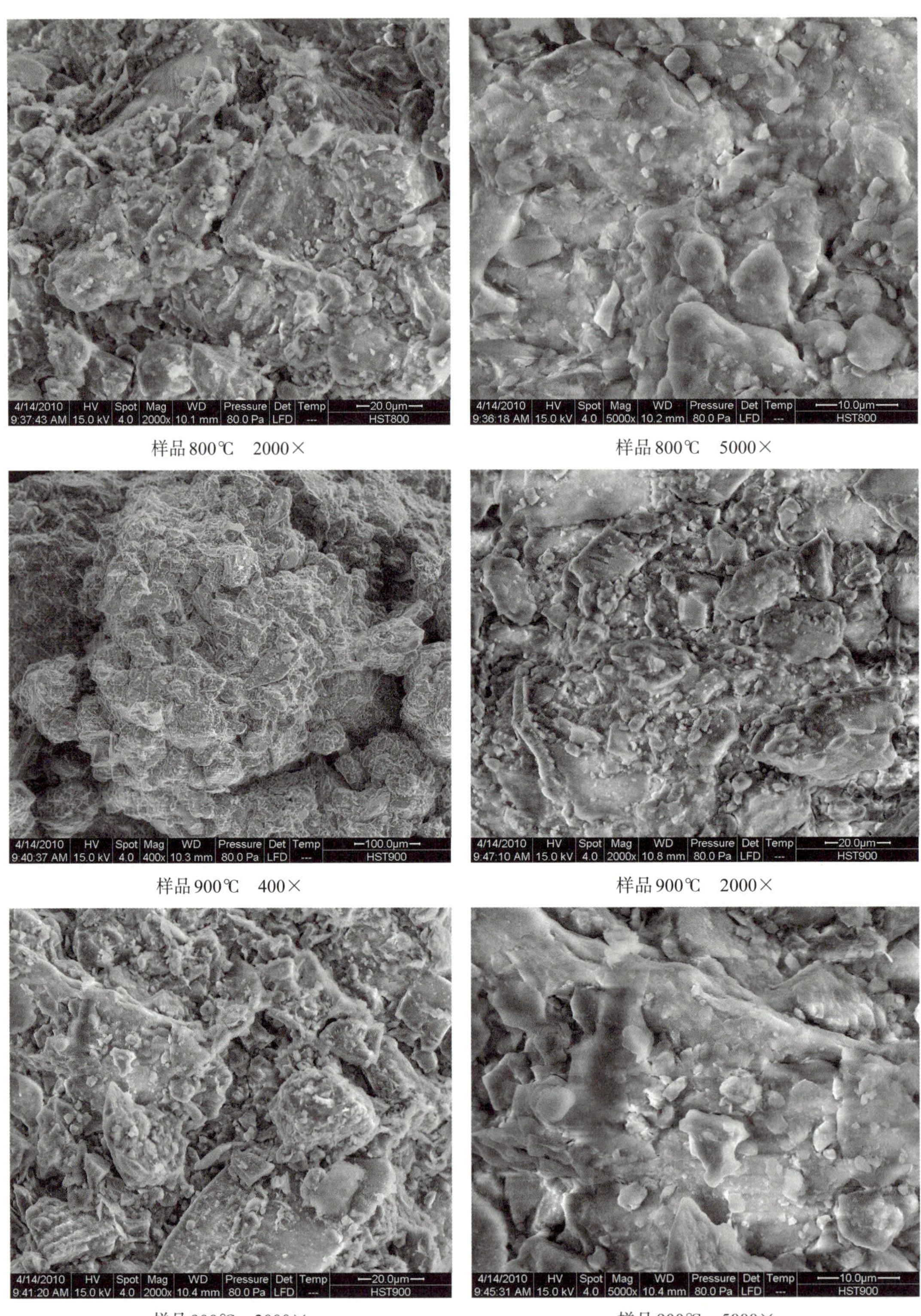

样品800℃　2000×　　样品800℃　5000×

样品900℃　400×　　样品900℃　2000×

样品900℃　2000×　　样品900℃　5000×

图3-15　100—900℃红烧土样品扫描电镜照片

从图3-15可以看出，随着焙烧温度的升高，土颗粒之间的空隙逐渐变大，颗粒直径逐渐变小，鳞片状矿物的边缘在低温下呈菱形，高温下呈椭圆形。500—600℃左右有矿物颗粒被烧结的迹象。

3.4.5 比表面积与平均孔径

选取几个焙烧温度下有代表性的红烧土样品，运用BET多点法进行比表面积测试，并用汞压入法测定孔径分布，结果见表3-16。

表3-16　模拟样品的比表面积和平均孔径数值

焙烧温度（℃）	100	600	800	900
比表面积（m^2/g）	17.01	14.09	9.71	2.09
平均孔径（nm）	6.66	10.22	10.93	13.35

从表3-16的数值可以看出，随着焙烧温度的升高，红烧土样品的比表面积逐渐减小，平均孔径逐渐增大。这很可能是因为随着过火温度的升高，部分矿物颗粒被烧结收缩的缘故。

3.4.6 耐水能力

耐水能力实验的目的，是检验不同焙烧温度下制备的红烧土样品的结构遇水的稳定性。

实验方法：将100—900℃不同焙烧温度的红烧土样品分别放在白色塑料碗中，拍照记录实验前样品状况，然后向碗中注满水，及时记录样品变化状况，例如粉化、崩裂、垮塌等；24小时后样品基本处于饱水稳定状态，再次拍照记录作为耐水检验的最终结果。

实验结果记录见表3-17，耐水实验前后样品的变化状况见图3-16。

表3-17　100—900℃红烧土样品耐水实验

样品焙烧温度/℃	耐水实验中样品的状况	
	放入水中后	24小时后
100	立即崩裂垮塌	完全酥粉成淤泥状
200	立即粉化掉渣，5分钟后垮塌	完全酥粉成淤泥状
300	立即酥粉，10分钟后垮塌	完全酥粉成淤泥状
400	立即出现少量酥粉	崩裂垮塌
500	无明显变化	出现少量碎屑

续表

样品焙烧温度/℃	耐水实验中样品的状况	
	放入水中后	24小时后
600	无明显变化	无明显变化
700	无明显变化	无明显变化
800	无明显变化	无明显变化
900	无明显变化	无明显变化

100℃红烧土样品耐水实验前

100℃红烧土样品浸泡水中24小时后

200℃红烧土样品耐水实验前

200℃红烧土样品浸泡水中24小时后

300℃红烧土样品耐水实验前

300℃红烧土样品浸泡水中24小时后

400℃红烧土样品耐水实验前

400℃红烧土样品浸泡水中24小时后

500℃红烧土样品耐水实验前

500℃红烧土样品浸泡水中24小时后

600℃红烧土样品耐水实验前

600℃红烧土样品浸泡水中24小时后

700℃红烧土样品耐水实验前

700℃红烧土样品浸泡水中24小时后

800℃红烧土样品耐水实验前

800℃红烧土样品耐水实验24小时后

900℃红烧土样品耐水实验前

900℃红烧土样品耐水实验24小时后

图3-16　100—900℃红烧土样品耐水实验图

从实验记录可以看出，焙烧温度在500—900℃范围内的红烧土样品，都具有较好的耐水能力，这很可能是因为土样中的某些矿物在500℃被烧结，进而起到了稳定土样结构的作用。

3.4.7　耐冻融能力

为了研究不同温度下制备的红烧土样品内部的固结能力变化，对具有耐水能力的红烧土样品进行冻融实验。实验采用整体潮湿的方法，具体操作过程参照公路工程石料实验规程中的抗冻性实验（T0211-94）方法①进行。在实验中只记录样品形状变化情况。

将500—900℃红烧土样品各选一个分别放在盛水的盒子中，室温下浸泡24小时，以确保样品饱水。冻融实验开始时将盒子中的水吸出，然后将其放入温度为−25℃的冰箱中冷冻4个小时，接着取出盒子，向其内充满水，室温下浸泡4个小时，此为一个循环。每次循环后，记录样品状况，见表3-18。样品在冻融过程中的变化状况，见图3-17。

表3-18　500—900℃红烧土样品耐冻融能力实验

循环次数	样品状况				
	500℃	600℃	700℃	800℃	900℃
1	表面碎屑脱落	表面碎屑脱落	表面碎屑脱落	无明显变化	无明显变化
2	局部酥粉脱落	碎屑脱落增多	碎屑脱落增多	少量碎屑脱落	少量碎屑脱落

① 中华人民共和国交通部. 中华人民共和国行业标准JTJ054-94: 公路工程石料试验规程 [S]. 北京: 人民交通出版社, 1995: 20-22.

续表

循环次数	样品状况				
	500℃	600℃	700℃	800℃	900℃
3	酥粉脱落严重	碎屑大量增加	碎屑大量增加	碎屑脱落增多	碎屑脱落增多
4	表面完全酥粉	局部酥粉脱落	局部酥粉脱落	碎屑脱落增多	碎屑脱落增多
5	样品完全坍塌	酥粉脱落严重	酥粉脱落严重	局部酥粉脱落	局部酥粉脱落

样品1：500℃红烧土样品

耐冻融实验前

1个循环后

2个循环后

3个循环后

4个循环后

5个循环后

样品2：600℃红烧土样品

耐冻融实验前

1个循环后

2个循环后

3个循环后

4个循环后

5个循环后

样品3：700℃红烧土样品

耐冻融实验前

1个循环后

2个循环后

3个循环后

4个循环后

5个循环后

样品4：800℃红烧土样品

耐冻融实验前

1个循环后

2个循环后

3个循环后

4个循环后

5个循环后

样品5：900℃红烧土样品

耐冻融实验前

1个循环后

2个循环后

3个循环后

4个循环后

5个循环后

图3-17　500—900℃红烧土样品耐冻融实验图

结合耐水实验的结果，可以将100—900℃红烧土样品的耐冻融能力分为四组。焙烧温度在0—500℃的红烧土样品完全没有耐冻融能力；500℃红烧土样品耐冻融能力极差；600℃和700℃红烧土样品耐冻融能力相当，具有一定的耐冻融能力；800℃和900℃红烧土样品基本相同，具有相对较好的耐冻融能力。

3.4.8　热分析

通过对不同温度下焙烧的红烧土样品的热分析实验，可以了解和总结组成土壤的矿物在高温作用下发生的热焓量和重量变化的规律，这可以作为判断几个遗址中红烧土样品过火温度的依据。实验结果见图3-18。

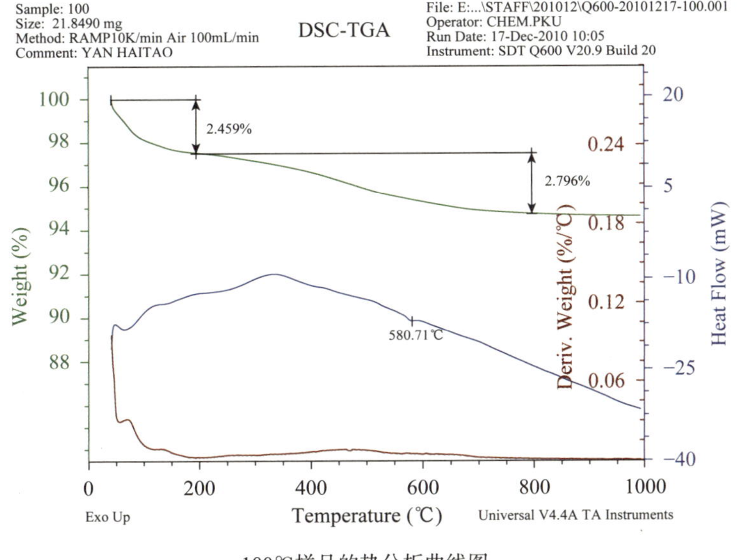

100℃样品的热分析曲线图

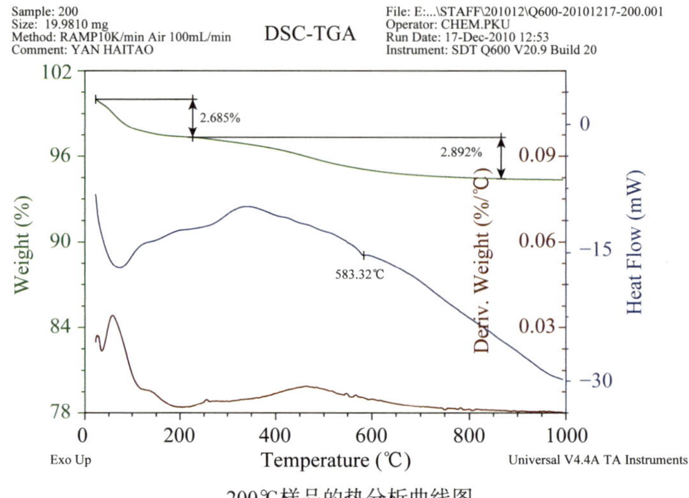

200℃样品的热分析曲线图

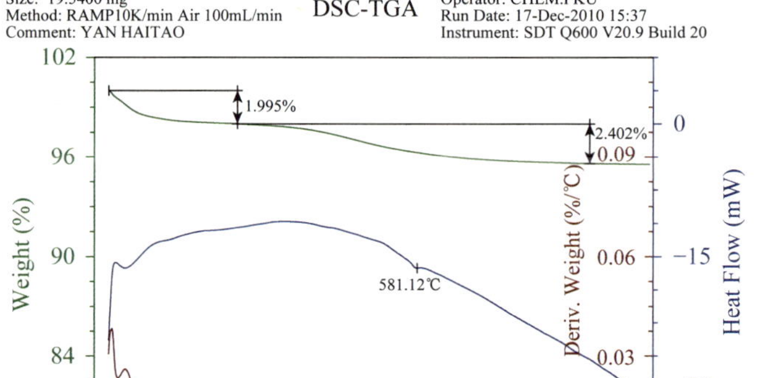

300℃样品的热分析曲线图

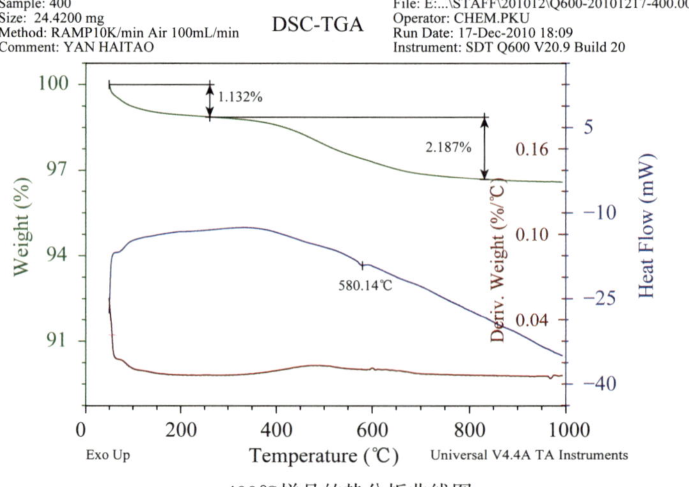

400℃样品的热分析曲线图

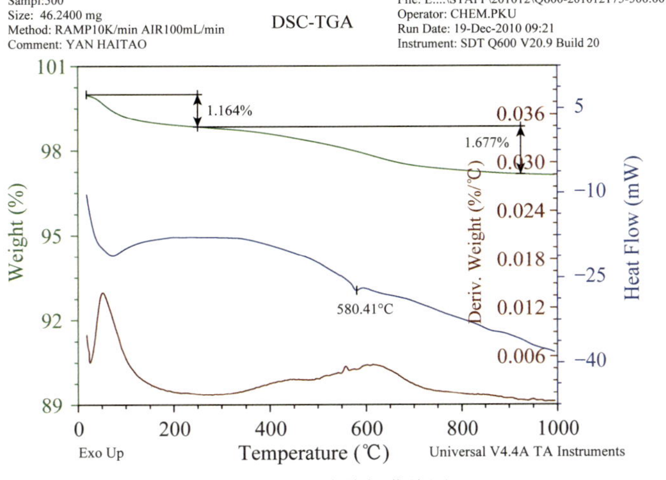

500℃样品的热分析曲线图

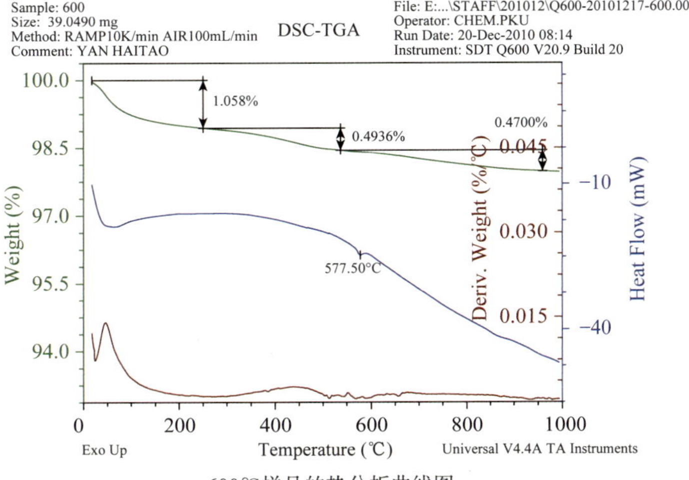

600℃样品的热分析曲线图

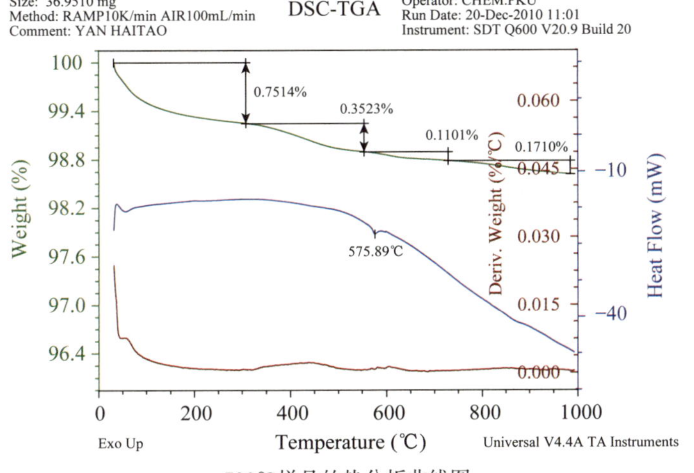

700℃样品的热分析曲线图

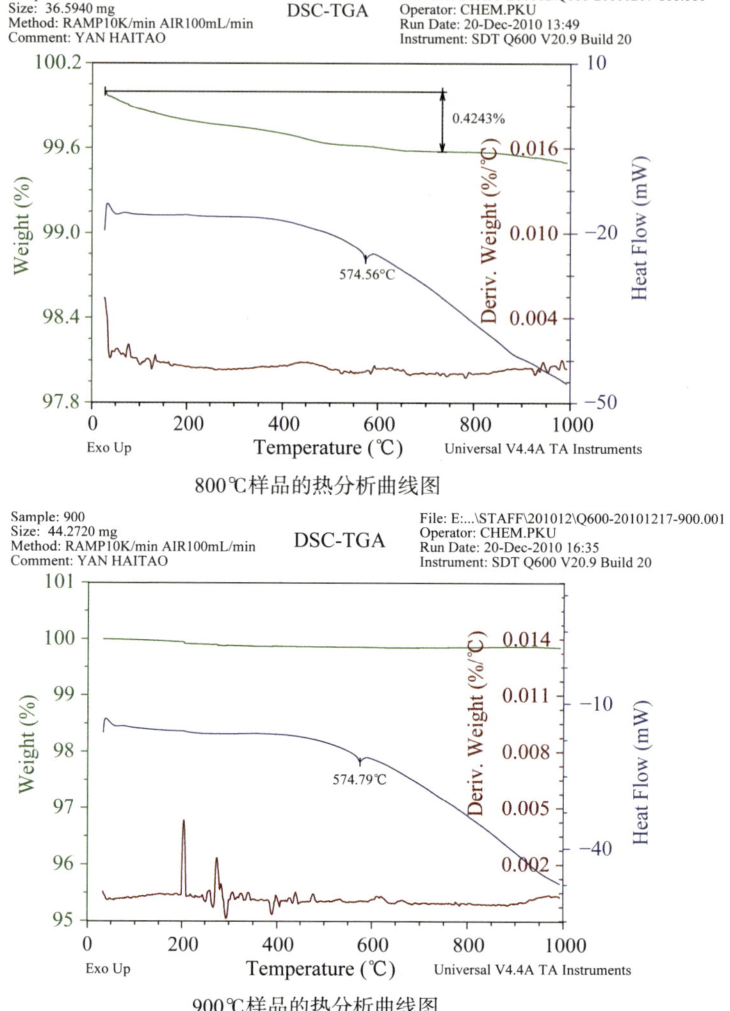

800℃样品的热分析曲线图

900℃样品的热分析曲线图

图3-18　100—900℃红烧土样品热分析曲线图

从图3-18可以看出，不同温度下焙烧的红烧土样品的热分析曲线明显不同：随着温度的升高，热重曲线趋于平直，900℃时接近水平线，重量损失在600℃以前基本完成；各个温度下红烧土样品的差热曲线在573—585℃之间都有明显的吸热峰出现，这是β-石英和α-石英发生相互转变的标志[①]。

3.4.9　抗压强度

为了检验不同焙烧温度下红烧土的机械强度状况，从100—900℃九组红烧土样品

① 殷念祖, 等. 烧结砖瓦工艺 [M]. 北京: 中国建筑工业出版社, 1988: 538.

中每组取三件样品进行抗压测试实验，数据结果见表3-19（抗压实验载荷-位移图见图3-19）。

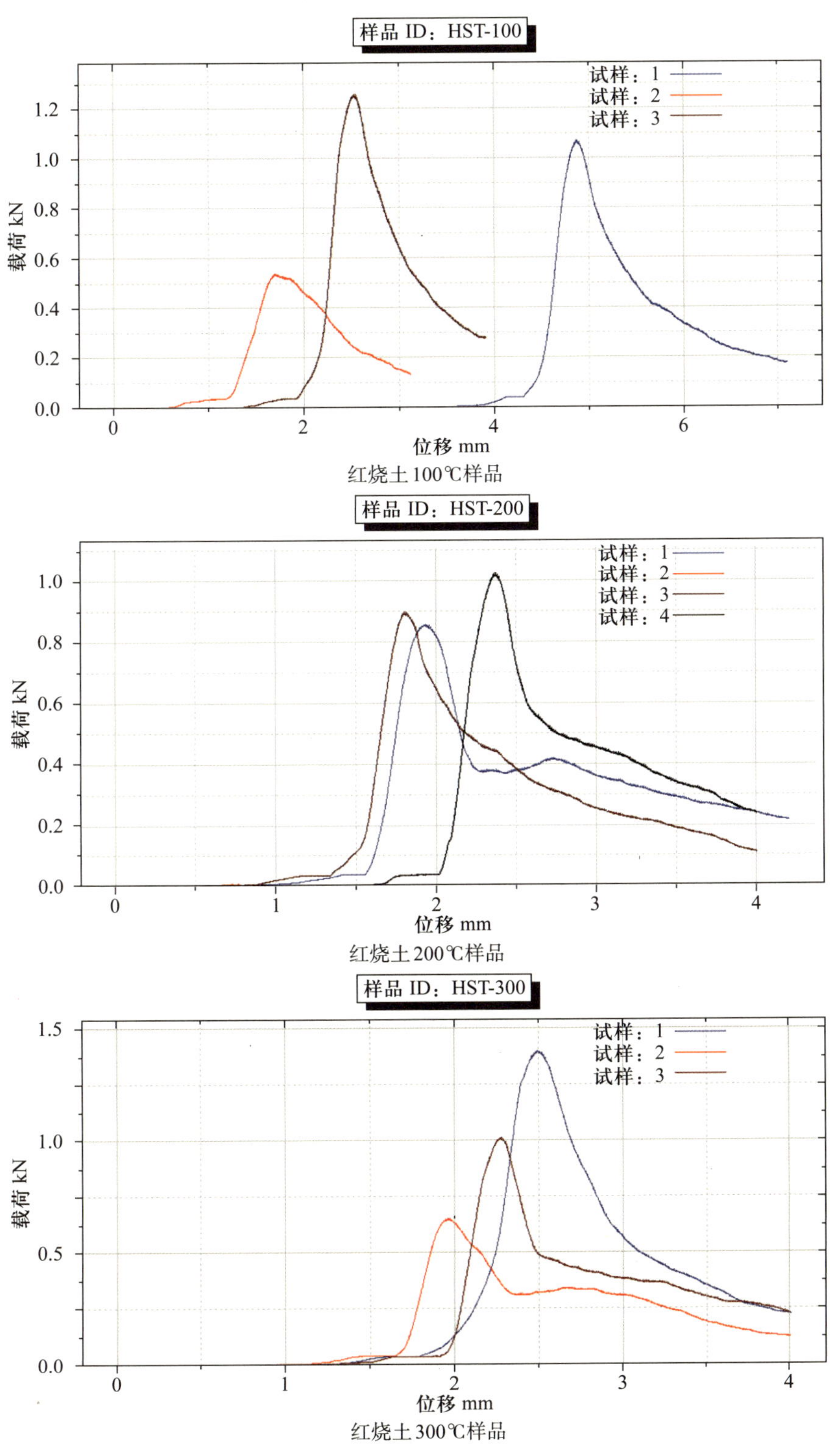

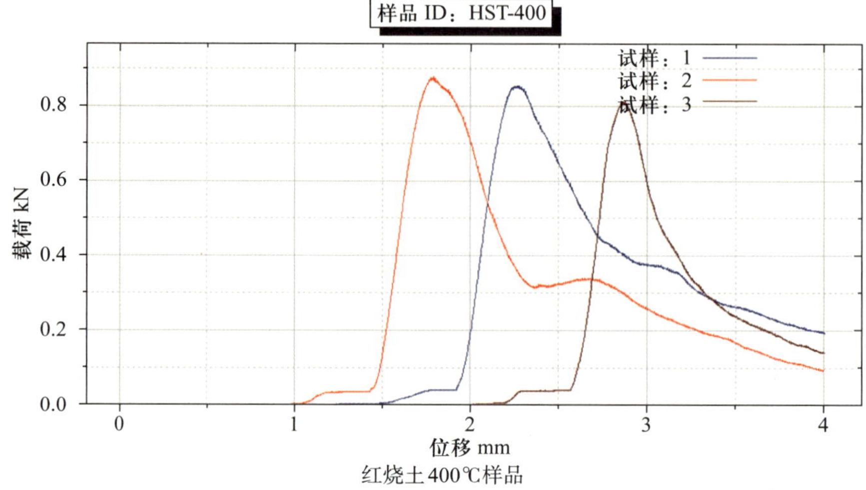

红烧土400℃样品

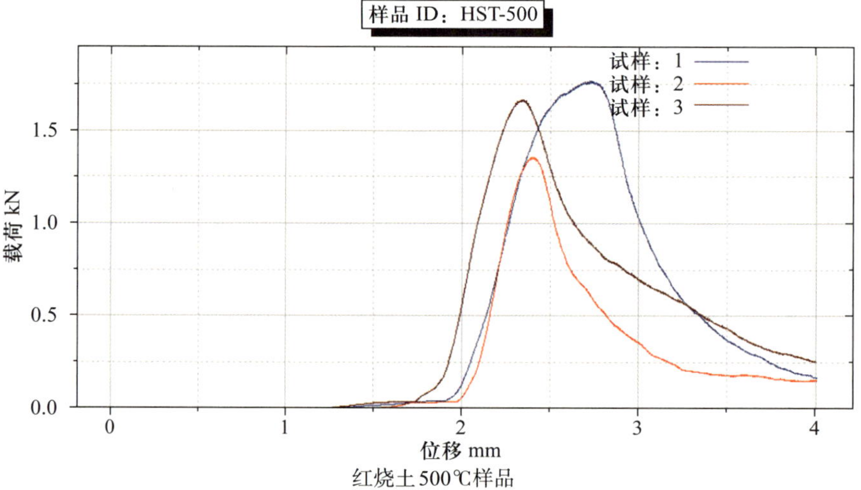

红烧土500℃样品

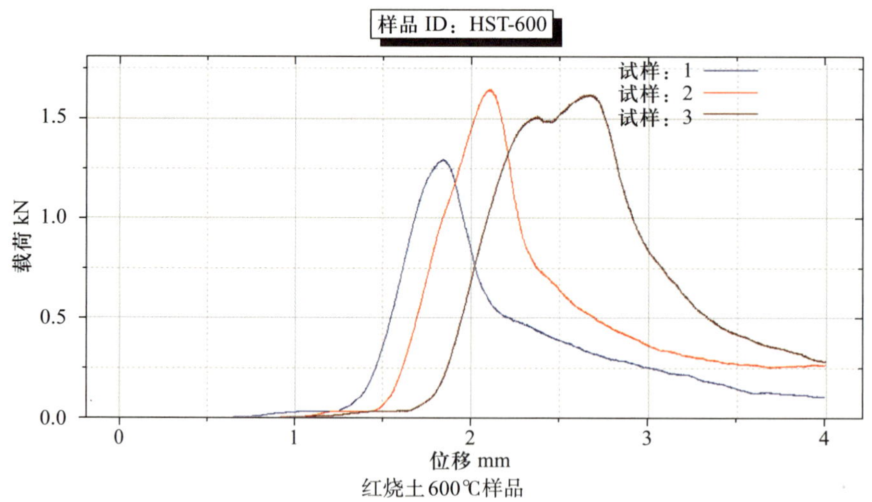

红烧土600℃样品

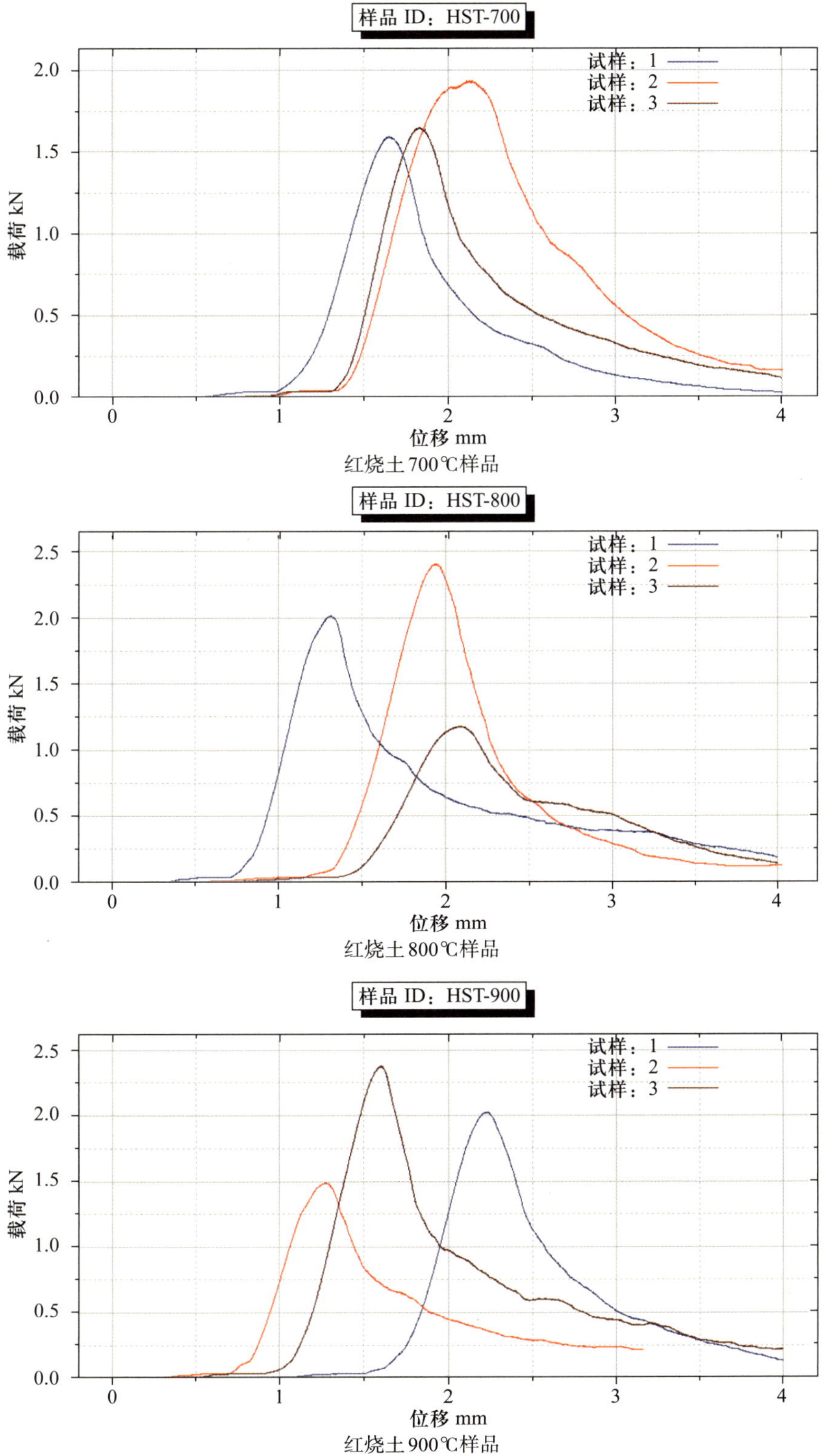

图 3-19　100—900℃红烧土样品抗压实验载荷-位移图

表3-19　100—900℃红烧土样品抗压强度值

焙烧温度/℃	抗压强度/MPa			平均值
	1	2	3	
100	1.070	0.537	1.257	0.955
200	0.856	0.898	1.025	0.926
300	1.399	0.652	1.012	1.021
400	0.855	0.878	0.814	0.849
500	1.769	1.357	1.665	1.597
600	1.294	1.643	1.617	1.518
700	1.591	1.932	1.647	1.723
800	2.015	2.406	1.177	1.866
900	2.028	1.490	2.378	1.965

为了更加直观地看出不同温度下样品的抗压强度变化，以平均抗压强度为纵坐标，不同温度为横坐标做折线图，见图3-20。

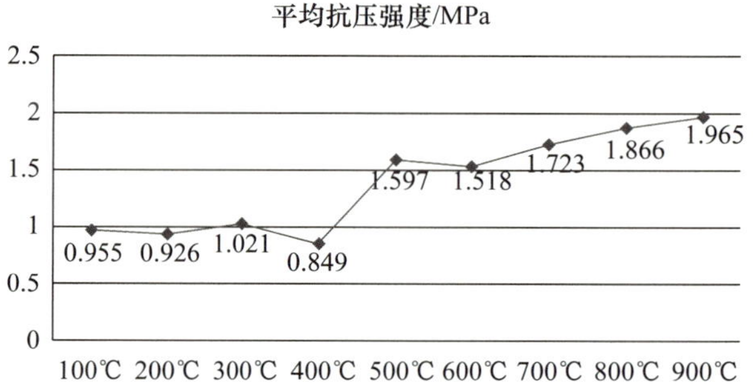

图3-20　100—900℃样品抗压强度平均值折线图

由图3-20可知，随着机械吸附水的消失，红烧土样品的强度略有提高。结晶水排除阶段，强度没有明显变化；573℃石英转变时，强度略有下降；750℃以前都是非常脆弱的，750℃以后，由于长石-石英玻璃质及莫来石晶体开始形成，强度逐渐提高①。

从抗压强度数值的总体趋势看，样品焙烧温度越高，抗压强度越大，500℃至700℃之间出现了强度数值的上下波动，其中600℃时样品的抗压强度处于低谷位置，这是573℃时石英发生了转变的缘故。

3.4.10　总结

随着焙烧温度的升高，红烧土样品发生了一系列的变化，如重量、体积、比表面

① 江苏省宜兴陶瓷工业学校. 陶瓷工艺学 [M]. 北京: 轻工业出版社, 1987: 361.

积、气孔率、热效应、抗压强度、晶体类型以及岩相（莫来石的形成与方解石的分解）等。结合文献①与上述分析检测的结果，可将这些变化归类为物理变化和化学变化，现简述如下。

3.4.10.1 物理变化

1. 热重

样品在初受热时，首先排出的水分是机械地吸附到样品中的吸附水，这部分水分到110℃并延续一定时间后排出完毕，此时样品已绝对干燥。温度继续升高时，将排除参与组成样品晶体结构的结构水，与此同时样品逐渐失去可塑性。几种主要矿物的失重情况见表3-20。

表3-20 几种主要矿物的失重状况

矿物名称	失水温度/℃	失水状况
蒙脱石	100—300	失去11%（重量）的层间水
	400—800	失去自身OH^-离子产生的水
伊利石	100—250	失去约3%的空隙水
	350—700	失去由自身OH^-离子产生的水
高岭石	450—650	失去约11%的结晶水
硫酸钙	150—450	失去吸附水
氢氧化铁	150—350	失去吸附水

从表3-20中的数据可以看出，矿物失重现象主要发生在450—650℃温度范围内，400℃以前失重较少。这是因为在450—650℃这一阶段结构水被激烈排除，还发生了吸热反应。在差热分析曲线上可以看到一个明显的吸热谷，同时在热重曲线上可以看到这一阶段的曲线陡直下降（可见红烧土样品100℃的热重曲线）。

2. 微观结构与机械强度

（1）气孔率从900℃开始陆续下降，至1200℃以后下降速度最为剧烈；

（2）矿物颗粒的比表面积随着温度升高逐渐减小，孔径逐渐增大，尤其在900℃时，比表面积迅速减小；

（3）体积收缩开始于600—650℃，在900—1000℃以前收缩缓慢，至900—1000℃以上时收缩急剧增加；

（4）随着焙烧温度的升高，红烧土样品的宏观机械强度如耐水能力、耐冻融能力和抗压强度等都在提高。

---

① 殷念祖，等. 烧结砖瓦工艺 [M]. 北京：中国建筑工业出版社，1988：532-556.

3.4.10.2 化学变化

由XRD分析结果可知，样品的矿物组成主要是石英和长石，还有少量的方解石、白云石和铁的化合物等，现分述它们在焙烧过程中的变化。

1. 石英

石英又称硅石，习惯上是对所有天然二氧化硅矿物的统称。在加热过程中会发生一系列的晶形转变：

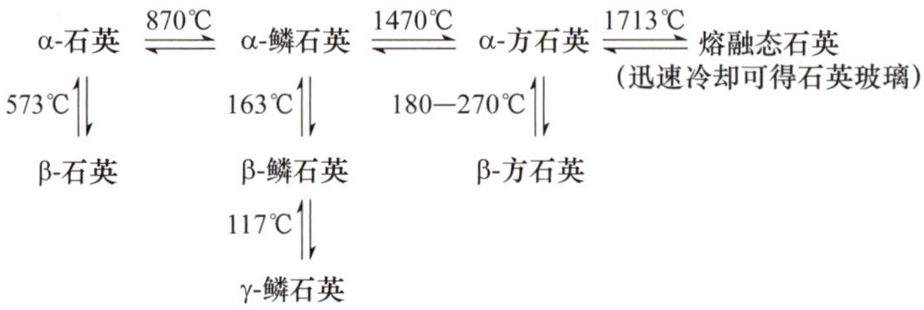

$$\alpha\text{-石英} \underset{}{\overset{870℃}{\rightleftharpoons}} \alpha\text{-鳞石英} \overset{1470℃}{\rightleftharpoons} \alpha\text{-方石英} \overset{1713℃}{\rightleftharpoons} \text{熔融态石英}$$

（迅速冷却可得石英玻璃）

α-石英 ⇅ 573℃ β-石英

α-鳞石英 ⇅ 163℃ β-鳞石英 ⇅ 117℃ γ-鳞石英

α-方石英 ⇅ 180—270℃ β-方石英

上图中垂直方向表示快速转变，水平方向表示缓慢转变，这些转变都是可逆的。随着晶体的转化，其体积、比重和化学成分会发生很大变化，详见表3-21。

表3-21　石英在煅烧过程中的理化性质变化

温度/℃	变化	体积变化%	比重变化
117	γ-鳞石英　β-鳞石英	+0.2	2.27—2.24
163	β-鳞石英　α-鳞石英	+0.2	2.24—2.23
218	β-方石英　α-方石英	+2.8	2.32—2.21
573	β-石英　α-石英	+0.82	2.65—2.60
867	α-石英　α-鳞石英	+1.6	2.60—2.23
1470	α-鳞石英　α-方石英	+4.7	2.23—2.21
1020	α-石英　α-方石英	+15.4	2.60—2.21
1728	α-方石英　熔融态石英	+0.1	2.21—2.20

2. 长石类

长石在陶瓷生产中是主要的熔剂性原料，焙烧过程中在低温条件下（低于1100℃）除了失去结晶水外没有其他变化。随着温度的升高，以钾长石为例，从1130℃开始软化熔融，1120℃时分解生成白榴石与SiO_2熔体，成为玻璃态黏稠物，其反应式如下：

$$K_2O \cdot Al_2O_3 \cdot 6SiO_2 \rightarrow K_2O \cdot Al_2O_3 \cdot 4SiO_2 + 2SiO_2$$

3. 其他微量矿物

方解石在焙烧时，自700℃开始分解，在930—970℃间分解完全；白云石自700℃左右开始分解，800℃和950℃有吸热反应发生，在差热曲线上700—800℃之间有吸热峰出现（兵马俑遗址的红烧土样品表现最明显），前者是碳酸镁的分解，后者相当于方解石的分解，反应放出大量CO_2，重量约减少了41%[①]；黄铁矿从约300℃时开始分解，氧气充分条件下，600℃左右结束生成Fe_2O_3，放出SO_2；蒙脱石在800—900℃分解；伊利石在800—900℃时，黏土矿物的晶格失去稳定性而瓦解，850—950℃之间开始生成镁和铁尖晶石。

第五节　几个遗址点红烧土过火温度的推断

为了解各个遗址点红烧土过火的温度，进行了相关的研究。

具体方法是：将取自各个遗址点的土制成的样品在一定温度下焙烧，检测烧后样品的热性能，通过与遗址点所取红烧土样品的热性能进行对比，结合昌平黄土在100—900℃焙烧样品实验的研究结论，推断了各个遗址点红烧土的大致过火温度。过火温度的确定，也为后期材料选择提供了相关参考数据。

3.5.1　大河村遗址

为大致了解大河村遗址中红烧土的过火温度，把取自大河村遗址中的黄土粉碎，过筛，制成ф50mm×50mm的圆柱形土样，自然条件下干燥后，在几个固定温度下制备红烧土样品，然后进行热分析，结果见图3-21。

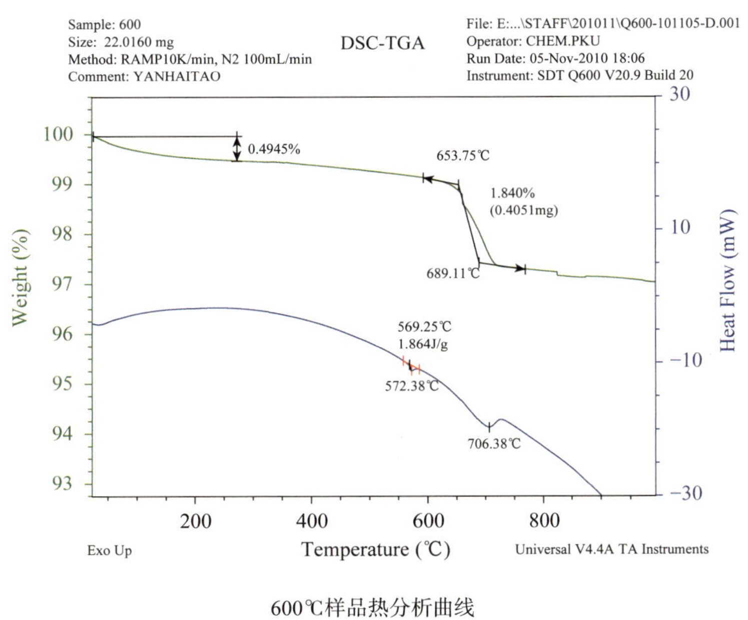

600℃样品热分析曲线

① 殷念祖, 等. 烧结砖瓦工艺 [M]. 北京: 中国建筑工业出版社, 1988: 534.

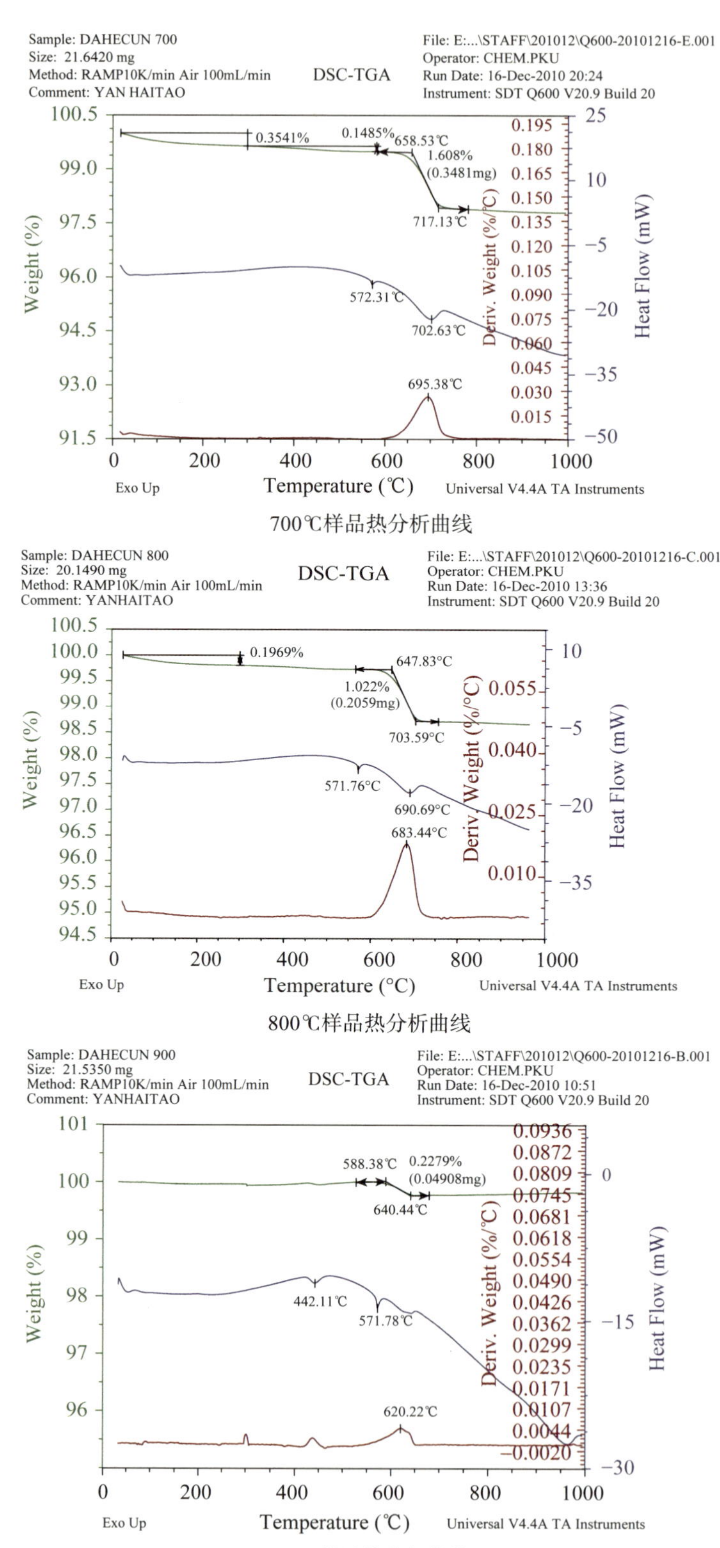

图3-21 大河村遗址不同焙烧温度下红烧土样品热分析曲线

大河村遗址1号样品在100℃时有失重，这是吸附水的脱除。在570℃左右有轻微的吸热，这是石英的晶型转变。热重曲线一直在缓慢地下降（图3-2）。

而大河村遗址所取黄土在不同温度下制备的样品，热分析曲线表现不一。

从600℃样品的热分析曲线可以看出，样品在600℃之前曲线平滑，没有热量的吸收峰值和重量的损失峰值，600—700℃之间出现明显的拐点；700℃样品的热分析曲线在702℃出现明显重量损失的拐点；800℃样品的热分析曲线和700℃的接近；900℃样品的热分析曲线在658—712℃温度段的失重很小，说明随着温度的提升，该区段的失重逐渐减小甚至趋于消失。

这三个样品的热分析曲线与样品的焙烧温度之间的关系是：在样品的焙烧温度以下，失重不会明显变化；而焙烧温度以上会出现大的失重，且温度越高，在658—712℃区段的失重越小。因此，可以将遗址样品的热分析曲线作为判断遗址样品过火温度的一种方法。

从遗址样品的热分析曲线来看，1号样品的失重曲线一直到1000℃都很平滑，由此可以推断1号样品的过火温度一定高于900℃，甚至在1000℃以上。

由X射线衍射结果知道1号样品的主要矿物组成是石英与钠长石，并且石英含量很高，在60%以上，而石英在被加热到573℃时有个α-石英与β-石英之间的相互转变，这时体积与比重都会增加，反映在热分析曲线上就会出现峰值，在573℃左右。

3.5.2 钧窑遗址

将钧窑遗址取回的生土制成φ50mm×50mm的圆柱形土样，自然条件下彻底干燥后，放在马弗炉中恒温2个小时，制成焙烧温度为600℃的红烧土样品。取少量制备好的样品进行热分析，结果见图3-22。

对比图3-5遗址红烧土样品的热分析曲线可以看出，遗址样品在120℃左右出现吸热和质量损失。这是因为遗址中的红烧土样品较为潮湿，含有大量的机械结晶水。制备样品与遗址样品在600℃以后的重量损失基本相同，分别为0.6%和0.5%，热焓量曲线变化也基本相同，可以推断遗址中红烧土样品的过火温度在600℃左右。

3.5.3 牛河梁遗址

将牛河梁遗址取回的生土去掉大颗粒，过筛后制成φ50mm×50mm的圆柱形土样，自然条件下干燥后，放在马弗炉中恒温2个小时，分别制成焙烧温度为400℃和600℃的红烧土样品，然后将样品分别进行热分析，结果见图3-23。

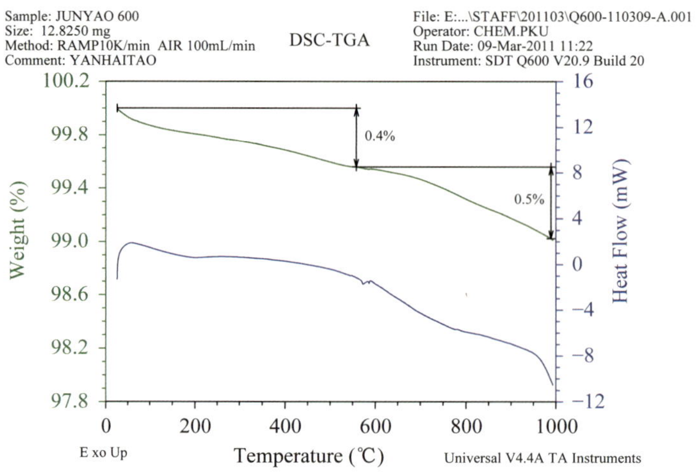

图3-22　钧窑遗址600℃红烧土样品热分析曲线

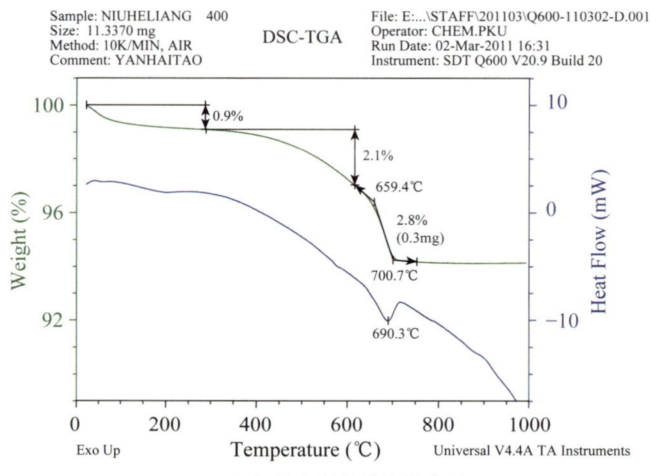

400℃红烧土样品热分析曲线

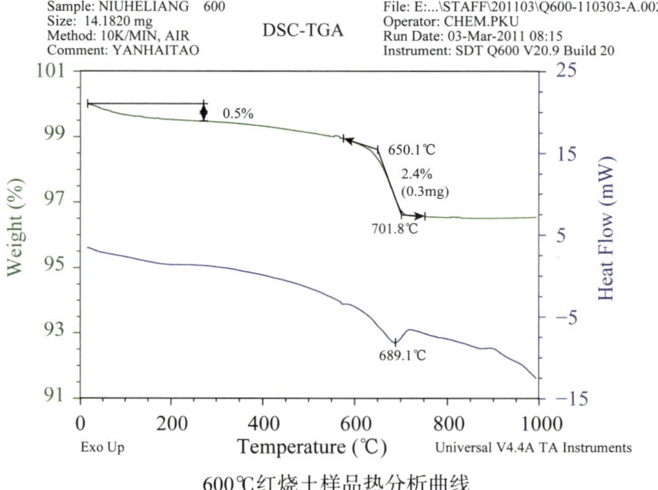

600℃红烧土样品热分析曲线

图3-23　牛河梁遗址不同焙烧温度红烧土样品热分析曲线

从400℃样品的热分析曲线可以看出，样品在400℃之前重量损失仅为0.9%，是样品的吸附水重量；样品在400℃之后重量损失突增2.1%。600℃样品的热分析曲线也同样在600℃之后重量损失突增2.4%，都与样品的已知焙烧温度相符合。牛河梁遗址样品的热分析曲线（图3-8）在200℃之前重量损失3.3%，200—700℃之间重量损失2.1%，700℃之后曲线平直，样品重量趋于恒定。其中，200℃之前除了由于样品中的结合水蒸发损失重量外，应该还与土壤中有机物分解有关。200—700℃之间是由无机质矿物的物相相互转变引起的重量损失。由此可以推断，牛河梁遗址的红烧土样品过火温度很低，在700℃之前。

3.5.4 兵马俑遗址

为了大致了解遗址中红烧土样品的过火温度，对取自隔梁的红烧土样品进行热分析，实验结果见图3-24。

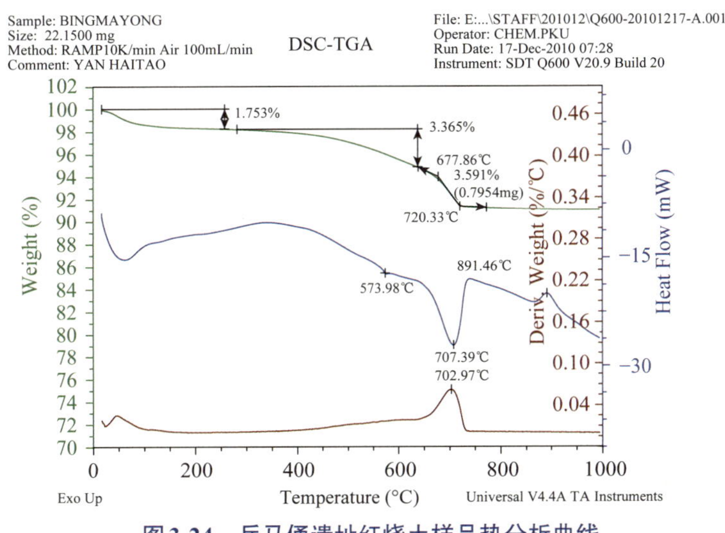

图3-24 兵马俑遗址红烧土样品热分析曲线

结合遗址样品矿物成分分析结果，根据已知矿物受热变化规律，可以对热分析曲线进行分析解释；同时，从遗址中取回的红烧土样品量较大，足够直接作为加固保护材料选择实验所需的土样使用，因此不需要再模拟焙烧样品。

兵马俑遗址红烧土样品的热分析曲线图中，在707.39℃出现明显放热峰，这可能是白云石受热发生了分解反应，由此推断样品的过火温度在700℃以下；热焓量变化曲线图中，891.46℃出现放热峰，可能是方解石的分解所致，更是印证了前一推断；热重曲线图中，650℃以前重量损失超过5%，说明样品的过火温度可能不超过650℃。

综合以上对实验结果的分析和X射线衍射矿物成分分析结果，可以大致推断出兵马俑遗址中红烧土的过火温度很低，很可能在600℃以下。

第六节 红烧土样品分析的总结

通过对四个遗址红烧土样品的X射线衍射分析、离子色谱分析、扫描电镜微观形貌观察、比表面积测定、孔径分布测定和热分析，了解了它们的大致特征，并进行了归纳总结。

3.6.1 四个遗址红烧土样品特征

1. 大河村遗址

通过以上分析得知，大河村遗址红烧土样品的主要矿物组成是石英与长石，烧成温度应在900℃以上。可溶盐含量极高，应该是遗址在长期的埋藏过程和多年的展示过程中吸附进入的。从微观形貌上看，红烧土颗粒大小并不均匀，并夹杂有石英颗粒，整个遗址所用的土可能是使用黄土添加沙子形成。这与专家对遗址房址墙体建筑方法的推测①相符合：墙体形成时，墙壁骨架的内外两侧，先涂覆一层厚约30厘米的草拌泥，再在草拌泥的表面涂上一层厚1.5—3.5厘米的细砂泥，构成比较光滑的墙面。

2. 钧窑遗址

钧窑遗址的红烧土在形成之前没有经过人为特意加工，矿物成分以石英和长石为主，土颗粒之间的空隙较大。红烧土在形成时的焙烧温度较低，有明显的分层现象，这也是窑址中红烧土的共性。可溶盐含量很高，遗址比较潮湿，并且经过长时间展示，这与大河村遗址的情况类似。

3. 牛河梁遗址

牛河梁遗址红烧土样品的矿物组成不均匀，含盐量很小，样品致密，颗粒空隙较小。从外观看，既有较高温度烧制的红色，又有低温条件下土壤中有机物刚被烧掉留下的黑色。整体而言，牛河梁遗址红烧土样品的过火温度低并且不均匀，可以推断遗址中红烧土的形成并非人为所致。

4. 兵马俑遗址

兵马俑遗址红烧土的矿物组成比较丰富，土颗粒之间空隙小，结构比较致密。可溶盐种类多，但总体含量很低，过火温度不高。这可能与红烧土在形成之前是夯土②有关。

---

① 郭德维. 郑州大河村仰韶文化的房基遗址 [J]. 考古, 1973 (11): 330.

② 陕西省考古研究所, 始皇陵秦俑坑考古发掘队. 秦始皇陵兵马俑坑一号坑发掘报告 (1974—1984): 上 [M]. 北京: 文物出版社, 1989: 14-16.

3.6.2 红烧土特性总结

经过对四个遗址红烧土样品特征的探讨与总结，大致了解了红烧土的一些特性，得到以下几方面结论。

1. 外观颜色

由于过火温度不同，不同遗址红烧土的颜色有所差别。排除土质的差别，总体而言，高温条件下形成的红烧土颜色比低温条件下形成的更红些，如大河村遗址的红烧土比兵马俑遗址中的红烧土颜色深；钧窑遗址的红烧土可以清晰地看到沿着窑壁从里向外出现了不同颜色分布层；牛河梁遗址的红烧土中还夹杂有机物质被烧黑的痕迹。

2. 成分

红烧土的矿物组成除了与过火之前的土质有关外，与过火温度也有直接联系。四个遗址红烧土的矿物组成都以石英和长石为主，但高温条件下形成的红烧土矿物组成种类单一，并且相对含量集中（例如大河村遗址的红烧土）；低温条件形成的红烧土矿物组成种类丰富，相对含量分散（例如兵马俑遗址的红烧土）。

3. 显微结构

四个遗址的红烧土在形成之前都没有经过人工精细的加工制作，并且也不是特意烧制的，因而这些红烧土颗粒之间的空隙较大，密度小，整体结构疏松，强度不高，容易出现各种病害。

4. 过火温度

在高温作用下，黏土物料的组成矿物会发生多种变化，包括脱水、同质异晶转变、颜色转变、分解以及新结晶相的生成，等等。

通过分析解读各个地点样品的热分析数据，发现四个遗址的红烧土过火温度不同，大河村和钧窑遗址的红烧土过火温度高，兵马俑和牛河梁遗址红烧土的过火温度较低。

虽然这些红烧土的形成原因不同，但都不是放在窑炉内人为设定温度烧制而成的，因此，同一个遗址中的红烧土烧成温度也不尽相同。例如钧窑遗址中倒焰窑窑壁上的红烧土就有明显的分层现象。

5. 可溶盐含量

可溶盐溶解-结晶循环所产生的膨胀压力是红烧土风化的一个主要原因，红烧土风化程度的强弱与可溶盐含量的多少成正比例关系。这种情况在大河村遗址和钧窑遗址表现最为明显：这两个遗址的含盐量最高，红烧土的风化也最严重。

第七节　红烧土遗址风化原因的讨论

为了更加有针对性地对红烧土遗址采取保护措施，以取得良好的保护效果，诊断出现病害的原因是首要任务。综合四个遗址现场病害调查、样品分析以及红烧土模拟烧制实验，得出影响红烧土遗址风化的因素包括内因与外因两方面。内因是红烧土遗址本身的组成与性质，外因指红烧土遗址所处的环境因素。

3.7.1　红烧土自身因素

遗址土在过火过程中发生了很多变化：有机胶结物质完全损失；无机胶结物部分损失；一些矿物发生物相转变；土颗粒的比表面积减小；材料的弹性消失，刚性增加；土颗粒空隙增大；等等。由于过火温度不同，不同遗址的过火红烧土，一个遗址不同地点的过火红烧土，特征也不尽相同，因此破坏情况也不同。

实地调查四个遗址发现：部分红烧土强度很低，与未经火烧的生土相比风化程度更为严重。研究表明[①]：土壤抵抗外力不被破坏的能力大小与土壤的黏结性强弱有关。土壤的黏结性除与土壤结构状况以及代换性阳离子的组成等有关外，主要与土颗粒的比表面积大小、土颗粒之间分子引力大小成正比例。只有在高温（900℃以后）条件下土壤中紧邻的固体颗粒才能通过组分离子的换位和在晶格中的重排形成颗粒间固体键合，颗粒的熔融形成液相起到加强黏结的作用[②]。而在较低温度条件（600℃及以前）下形成的红烧土，在土壤中加强黏结作用的有机质被烧结气化，使得土颗粒空隙增大，土粒之间分子引力变小，颗粒的比表面积变小，进而导致黏结性变弱。所以低温红烧土强度低，更容易出现风化病害。

3.7.2　环境因素

环境因素主要是土壤中的水和可溶盐，且以盐为主，如大河村、钧窑遗址；没有盐分的破坏就小，或者没有。

破坏的机制：高于一定温度的，水已经不能使之崩解，如高于500℃的昌平土，那么破坏就是冻融和盐结晶。冻融和盐结晶的过程中，过火的土刚性强，无法抵抗压力，会出现脆性的破坏，而且由于没有有机质，比表面积也小，粉碎后无法恢复到原始的状态。

---

① 西北农业大学. 土壤学（北方本）[M]. 西安：农业出版社, 1996: 71-72.

② 殷念祖, 等. 烧结砖瓦工艺 [M]. 北京：中国建筑工业出版社, 1988: 547.

第四章
红烧土类文物加固材料的初步选择

经过病害调查和特性研究得知，过火红烧土极易在自然因素作用下粉化，为了避免其被破坏，采用化学加固是非常必要的，这也是土遗址防粉化的常用方法。

通过阅读文献，对国内外土、石、陶的加固保护材料进行了调查，并通过市场调研找到了一些有可能用于土加固的材料，在文物保护原则指导下进行了材料选择初步实验，通过效果检验了解了材料加固红烧土的效果，初步筛选出可能用于红烧土类文物加固的材料。

第一节　红烧土类文物加固保护材料的要求

经过研究，红烧土类文物的构成材料红烧土的特征是非土、非陶、非瓷，有机物基本烧蚀，组成土的矿物颗粒呈现出部分被烧结而没有玻璃化的状态，与土、石（砂岩、花岗岩）和陶结构相似，均属多孔材料，风化后强度降低。这种结构在低温过火的时候强度低，高温过火的时候即使有强度也容易被冻融特别是盐结晶的张力破坏，一些过火的红烧土已经产生了风化破坏，需要加固保护。

根据相关资料发现土、石、陶质文物的加固材料要求基本类似，故而这些质地文物的加固材料可以为红烧土类文物的加固材料所借鉴。

4.1.1　土遗址加固保护材料的要求

红烧土的结构未玻璃化，属于多孔材料，与土有相似性，故可以借鉴土遗址的加固保护材料要求。Giacomo Chiari在文献中曾提出对土质加固剂的原则要求，内容共有十二条：

（1）提供防水能力，但不拒水，允许水分以气体或液体状态迁移；

（2）保留孔和毛细管处于开放状态，并允许重复浸渍，即使是其他材料的浸渍；

（3）在干燥与潮湿情况下提供机械强度及耐磨能力；

（4）有好的渗透能力，以及低的黏度；

（5）不在表面形成膜，不与未处理的核心部位有明显的边界；

（6）与土坯有相似的热膨胀系数；

（7）不改变颜色，不产生眩光；

（8）有抵抗盐结晶、地下水毛细管上升和冻融循环所产生的张力的能力；

（9）耐久，即有抗耐水、耐光氧化的能力；

（10）使用方便，即使是在潮湿环境下，并且价格便宜；

（11）对使用者没有危害；

（12）尽可能具有可逆性。

虽然提到了这些要求，但是他觉得这是理想状态，没有哪种材料能满足所有的要求。

4.1.2 石质文物加固保护材料的要求

关于石质文物加固保护材料防风化作用的机理，Clifton① 认为石质加固剂最重要的功能是使风化的石质颗粒之间重新形成内聚力，其作用方式是通过一种新的、耐老化的粘接材料渗透于已风化的岩石孔隙中，这种材料固化后可以与岩石颗粒形成新的、牢固的整体系统，以此达到石质文物防风化加固保护的目的。

通过这种作用，石质的物理性质如抗压强度、断裂模数、弹性、耐磨性都能有所提高；沉积时，应渗透到风化区域的所有部位；尽量避免形成连续的坚硬外层；最小限度地减小水蒸气的透过率；加固剂与被加固石质不存在有害的物理与化学的作用；在审美上没有或尽量只有小的变化，如在颜色、光泽、外观结构上的变化等；在运输和使用中对人和环境健康和安全危害最小。

这种对加固材料的要求比较接近现实。

总的来说，对文物中属于多孔材料（如石质中的砂岩、花岗岩，陶，木材，纸张等）的物质进行加固时，现在行业内考虑的就是：提高强度，能深层渗透而不形成僵硬的外壳；不改变颜色，不产生眩光；耐老化能力强，耐受各种自然因素的作用；不对处理的文物造成负面的影响，包括物理的和化学的影响；不影响对文物的再次处理；对人、环境都不产生负面影响。

4.1.3 土、石、陶质文物常用加固材料

土、石、陶类，无机质文物通用的加固材料，常见有如下几类。

---

① Clifton, J.R., Godette, M.. Performance tests for stone consolidants [C]. K.L. Gauri, J.A. Gwinn. 4th International Congress Deterrioration and Preservation of Stone Objects. Louisville, Ky., 1982:101-108.

4.1.3.1 无机材料类

1. 石灰水

主要通过$Ca(OH)_2+CO_2 \rightarrow CaCO_3+H_2O$反应实现，生成的碳酸钙在岩石空隙中沉积，起到连接作用。早在20世纪就开始使用，一般只用于方解石质文物的加固，在英国使用较多。此法渗透浅，生成的碳酸钙为无定形结晶，加固作用弱。Tiano、Addadi和Weiner提出先用一种提取自海洋生物的糖蛋白质进行前处理，可使碳酸钙致密沉积，从而起到较好的加固作用[①]。

2. 氢氧化钡

氢氧化钡同样具有较长的使用历史，作用机理与石灰水类似。不同之处在于硫酸钡的溶解度远远小于硫酸钙，因此，使用氢氧化钡还有以下优点[②]：将硫酸钙转变成不溶硫酸钡，以减少硫酸钙溶解及重结晶造成的破坏；碳酸钡沉积比碳酸钙沉积更耐酸雨腐蚀；可通过形成碳酸钡、碳酸钙起加固作用。

这一方法目前存在争议：Led Schaffer认为仅靠氢氧化钡溶液起不到加固作用；Lewin和Baer提出一项技术，使碳酸钡缓慢结晶形成致密晶体，可起到加固作用[③]。

3. 硅酸盐

代表性材料是20世纪80年代李最雄研制的以高模数硅酸钾为主剂的PS材料[④]。材料主剂为3.8—4.2模数的$K_2O \cdot nSiO_2$，固化剂为$MgSiF_6$，另外还要加入交联剂、减水剂。使用时要将PS原液稀释，加入3—5倍的水。此材料已在西北干旱地区的岩体上实施过许多次。

4.1.3.2 有机材料类

此类加固剂品种很多，大致可分为有机树脂类、有机硅类和复合类三种。

1. 有机树脂类

（1）丙烯酸酯类。弹性好，透明性好，对热、光化学、氧化分解具有良好的稳定

---

① Tiano P, L Addadi, S Weiner. Stone reinforcement by induction of calcite crystals using organic matrix macromolecules. Feasibility study [C]// 7th International Congress on Deterioration and Conservation of Stone.Lisbon: Laboratorio Nacional de Engenharia Civil, 1992: 1317-26.

② Price C A. Stone conservation: an overview of current research [M]. Santa Monica, Calif.: Getty Conservation Institute, 1996: 8.

③ Lewin S Z, N S Baer. Rationale of the barium hydroxide-urea treatment of decayed stone [J]. Studies in Conservation, 1974, 19: 24-35.

④ 梁尉英, 李最雄. 石窟保护论文集 [M]. 兰州: 甘肃民族出版社, 1994: 18.

性，耐候性好，但渗透性差，耐污染性也差①。若用单体进行渗透加固，在操作上不易控制，因此多用丙烯酸树脂溶液。Paraloid B72是丙烯酸甲酯和甲基丙烯酸乙酯的共聚物，渗透能力差，较多作为粘接材料。

（2）环氧树脂。具有很高的机械强度，可在低温下固化，收缩率低，但渗透性不好，耐候性差，易变色②。总体上来说，适宜作为黏结剂而不宜作为加固材料，但有学者认为若选用正确的溶剂、适宜的操作方法和程序，可达到理想的加固效果③。

2. 有机硅材料

有机硅材料是过去二三十年中使用最广泛的材料，最常用的是MTMOS和TEOS。分子中有烷基又带有硅氧键链，是一种介于有机高分子和无机材料之间的聚合物；具有一般高聚物的抗水性，又具有透气、透水性，同时与石质又有很好的相容性；耐老化性能也较好，老化的最终产物是稳定的硅物质，因此不会影响再次进行封护加固；有机硅树脂与石质文物不仅有物理结合力，还可以通过化学反应形成化学键，能对风化石质文物表面起到明显的加固作用。欧洲许多国家普遍采用有机硅材料保护石质建筑、纪念碑和雕塑④。

3. 复合材料

复合材料是发挥各自优点或取长补短的一种材料类型，此类产品发展很快，种类繁多，主要有以下三种。

（1）丙烯酸树脂与有机硅树脂复合。利用丙烯酸树脂良好黏结性、有机硅类的耐老化性及类似无机硅酸盐的结构，在丙烯酸共聚体的侧链或末端带有水解烷氧基甲硅烷的树脂，具有良好的耐候性、抗污染性和附着性。

（2）丙烯酸乳液型加固剂。由单体和水在乳化剂作用下配制成乳状液进行聚合。经过聚合形成的是相对分子质量很高的聚合物微粒，粒径在几微米到几十微米之间。

（3）其他有硅酸乙酯与烷氧基硅烷复合、硅树脂与烷氧基硅烷复合、石灰水与丙烯酸乳液复合、环氧树脂与有机硅复合等。

---

① Marisa Laurenzi Tabasso. Acrylic Polymers for the Conservation of Stone: Advantages and Drawbacks [J]. Preservation of Historic Masonry, 1995, 26 (4): 17-21.

② Jane L Down. The Yellowing of Epoxy Resin Adhesives: Report on Natural Dark Aging [J]. Studies in Conservation, 1984, 29 (2): 63-76.

③ Selwitz C M. Epoxy Resins in Stone Conservation [M]. Research in Conservation 7.Marina del Rey: Getty Conservation Institute, 1992.

④ Helmut Weber. Conservation and Restoration of Natural Stone in Europe [J]. Bulletin of the Association for Preservation Technology, 1985, 17 (2): 15-17.

第二节　材料选择与样品制备

4.2.1　备选加固保护材料与性能指标

根据对土、石、陶多孔质地文物加固材料的要求，目前国内外加固保护材料的使用情况以及红烧土类文物特性分析结果，选取以下几种材料作为红烧土类文物化学加固保护的备选材料。

4.2.1.1　有机硅类

1. 500E：德国Remmers公司的有机硅加固材料，有效成分含量大于70%，与R300相比，分子中加入了有机分子链，材料的柔韧性相对较好。

2. Remmers300：德国Remmers公司的有机硅加固材料，无溶剂，有效成分含量100%，凝胶沉积率30%。

有机硅材料进入材料空隙后可以与空气中的水蒸气和材料的毛细水反应，反应方程式为：$Si(OR)_4+4H_2O=SiO_2+4ROH+2H_2O$，生成的无机态$SiO_2$胶体沉积在材料的孔隙中形成新的胶结物质，从而使处理对象得以加固保护，并且整个反应过程催化反应物都是中性，不会产生破坏性作用的含盐副产物，具有较好的耐老化性，老化后产物是SiO_2，与土的主要矿物组成一样。

4.2.1.2　丙烯酸类

1. 31J：丙烯酸非水分散体系，自制。玻璃转化温度在25℃左右，成无色或淡黄色连续的膜。

2. Paraloid B72：甲基丙烯酸乙酯和丙烯酸甲酯的共聚物，热塑性丙烯酸树脂。无色透明的颗粒状物质，溶解度参数9.3，玻璃转化温度40℃，KHN膜硬度10—11。

4.2.1.3　其他

1. 聚乙烯醇缩丁醛树脂：简称PVB。黏度30S，密度1.07g/cm^3，分子量30—45k，折射率1.488（20℃），吸水率不大于4%，软化温度60—65℃，玻璃化温度66—84℃。可溶于甲醇、乙醇、酮类、卤代烷、芳烃类溶剂，具有较高的透明性、耐寒性、耐冲击、耐紫外辐照。与金属、玻璃、木材、陶瓷、纤维制品等有良好的黏结力。将聚乙烯醇溶于水中，在搅拌下加入丁醛及催化剂如盐酸或硫酸，在15—50℃的温度下进行缩醛反应，生成的缩醛物经水洗、离心干燥即得到聚乙烯醇缩丁醛。主要用于制造夹层玻璃、涂料及粘合剂等。

2. 硅溶胶[①]：硅溶胶为纳米级的二氧化硅颗粒在水中或溶剂中的分散液。由于硅溶胶中的SiO_2含有大量的水及羟基，硅溶胶也可以表述为$SiO_2 \cdot nH_2O$。制备硅溶胶有不同的途径，最常用的方法有离子交换法、硅粉一步水解法、硅烷水解法等。硅溶液在失去水分时，单体硅酸逐渐聚合成高聚硅胶，随着水分的蒸发，胶体分子增大，最后形成-SiO-O-SiO-涂膜HO-Si-OH＋HO-Si-OH。因Na_2O在硅溶胶中的含量低，硅溶胶具有一定量成膜溶解的特性，其耐水性、耐热性能明显优于有机涂料。实验中使用的硅溶胶型号为100707-1，微乳白透明至半透明液体，SiO_2含量30.6%（重量），Na_2O含量0.38%（重量），pH值（20℃）10.4，密度（20℃）1.205g/cm^3，黏度6.8cP，粒径11.7nm。

3. 纳米二氧化硅乙醇分散液：采用新技术将二氧化硅分散在有机溶剂中形成的分散液，杭州万景新材料有限公司生产。

4. 水性聚氨酯：水性聚氨酯是以水代替有机溶剂作为分散介质的新型聚氨酯体系，也称水分散聚氨酯、水系聚氨酯或水基聚氨酯。水性聚氨酯以水为溶剂，具有无污染、安全可靠、机械性能优良、相容性好、易于改性等优点。本实验中采用北京格丽斯聚合技术发展有限公司生产的“悠雅”牌水性聚氨酯。

4.2.2 备选加固保护材料配比

参考文献并结合具体实验状况，按照表4-1所示配比加固保护材料，以备实验使用。

表4-1 加固保护材料室内实验备选材料

代号	主要成分	溶剂	配比	生产厂商
500E	硅酸乙酯含量大于70%	乙醇	1∶1（v/v）	德国Remmers建筑材料有限公司
R300	纯硅酸乙酯（约99%）	乙醇	1∶1（v/v）	德国Remmers建筑材料有限公司
31J	丙烯酸树脂非水分散体	丁酮	2%	北京大学考古文博学院
B72	甲基丙烯酸乙酯和丙烯酸甲酯共聚物	丁酮	3%（m/v）	美国Rohm and Haas公司
PVB	聚乙烯醇缩丁醛树脂	乙醇	1%（m/v）	怀化大自然化工有限公司
硅溶胶	二氧化硅	乙醇	原液	浙江宇运化工有限公司
聚氨酯	聚氨酯	水	1∶3	北京格丽斯聚合技术发展有限公司
纳米二氧化硅	二氧化硅	乙醇	原液	杭州万景新材料有限公司

① 袁传勋. PVAc和PVB改性硅溶胶加固保护陶质文物的研究 [J]. 文物保护与考古科学, 2003, 15 (1): 12.

4.2.3 待加固样品制备

4.2.3.1 焙烧温度的确定

根据上章研究，确定以焙烧600℃的土样作为红烧土类文物化学加固保护材料研究的样品。原因如下。

1. 750℃以后样品的强度开始不断增强，600℃的红烧土处于强度较低的阶段，抗压实验的结果也证实了这一点。而强度过低不符合红烧土的共性，强度过高则没有化学加固保护的意义。

2. 600℃处于500—800℃之间，从颜色上看，这时正好是FeS转变成Fe_2O_3的呈色过程，制备出的红烧土呈粉红或者肉红色，正好符合我国境内大多数红烧土遗址及遗迹现存状况的感官颜色。

3. 由各个遗址中红烧土特性分析也发现，600℃时绿泥石发生分解，并且大多红烧土遗址中都没有发现绿泥石的存在，这说明遗址中的红烧土过火温度大都在这个温度左右及以上。

4. 从对遗址的调查与所取红烧土样品的分析结果看，焙烧温度在600℃的样品最容易出现风化、坍塌、开裂等病害。

4.2.3.2 标准土样制备

标准土样的选土和制备方法与第三章样品制备方法完全相同，将自然条件下干燥的ϕ50mm×50mm土柱放在马弗炉中，焙烧温度设为600℃，恒温2个小时，自然冷却后取出。共制备80份样品，平均质量为139.69g。

4.2.4 加固方法

根据表4-1八种备选材料的配比，每种材料各配置1000毫升。从制备好的红烧土样品上部用滴管均匀滴加加固材料，操作时控制滴加速度，待样品上表面滴加的材料被完全吸收后再补充，避免加固材料从样品侧面流淌下去，直至观察到材料从下部略有渗出时停止滴加。

由于加固保护材料固化后要进行多项效果检验且大多检验是有破坏性的，每种加固保护材料需分别制备八份样品。把制备好的样品放在室内条件下（空气湿度70%，温度25℃左右），让加固保护材料固化。为了保证一些加固材料如有机硅类的R300和500E完全固化，样品放置30天后进行效果检验。

4.2.5 加固保护材料的用量与渗透性能

4.2.5.1 加固保护材料的用量

加固保护材料的用量是评价材料加固保护效率的重要指标。在加固实验过程中详细记录了每种材料加固一个样品的用量，每种加固材料加固八个样品取其平均值，结果见表4-2。

表4-2 加固保护材料用量

材料	浓度	用量（mL）
500E	1∶1	32
R300	1∶1	32
31J	2%	34
B72	3%	31
PVB	1%	33
硅溶胶	原液	29
聚氨酯	1∶3	26
纳米二氧化硅	原液	25

从表4-2的数值可以看出，除了聚氨酯和纳米二氧化硅用量较少外，其他几种加固材料所需用量都在31—35mL之间，单个样品体积大约为98cm^3，假设加固材料在土样内分布均匀，那么单位体积（cm^3）所需的加固材料为0.32—0.36mL。

4.2.5.2 加固保护材料的渗透性能

加固材料对所要加固对象的渗透性是选择加固材料所要考察的重要指标。其对样品的渗透性一方面与其表面张力、黏度有关，另一方面与所要加固保护文物的孔隙率和孔径大小有关，这些因素决定着加固材料在样品中的渗透速度。当样品相同时，不同加固保护材料在样品中的渗透速度直接反映出保护材料的渗透性能。在实验过程中每隔一分钟记录一次渗透深度，取八份样品的平均值，结果见表4-3。

表4-3 加固保护材料渗透速度

H（cm） \ t（min）	1	2	3	4	5	6	7	8	9	10	14
500E 1:1	2.0	2.8	3.2	4.0	4.5	5.0					
R300 1:1	2.5	4.0	5.0								
31J 2%	2.0	3.0	4.0	5.0							
B72 3%	2.5	4.0	5.0								
PVB 1%	1.5	2.5	3.0	3.2	3.5	3.7	3.9	4.0	4.1	4.3	5.0

续表

t（min） H（cm）	1	2	3	4	5	6	7	8	9	10	14
硅溶胶	2.5	3.5	4.5	5.0							
聚氨酯 1:3	1.6	2.4	3.1	3.5	3.8	4.2	4.6	4.8	5.0		
纳米二氧化硅	2.0	3.0	3.8	4.5	5.0						

为了更加清晰直观地观察各种加固保护材料渗透性能的优劣，用上表中的数据作图，见图4-1。

从图中折线的整体斜率（折线斜率代表渗透速率）可以看出，各种加固保护材料的渗透速率随着时间的推移而减小，在刚开始的3分钟内每种加固保护材料对样品的渗透速度都很大而后慢慢减小，这是因为随着渗透深度的增加，材料透过需要的时间延长，黏度的区别逐渐显示出来。

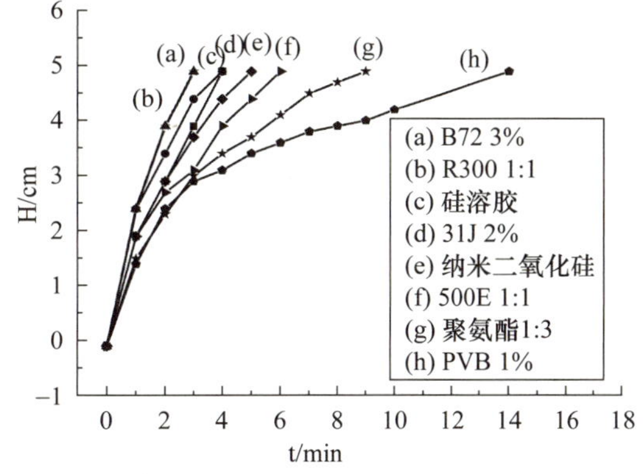

图4-1 加固保护材料渗透速度

第三节 效果检验

加固保护材料在样品中固化后加固效果如何，要经过一系列检验才能给出评价。参考国内外加固材料效果检验的方法，本实验主要进行以下检验：重量变化、颜色变化、孔隙率变化、抗压强度变化、耐水能力、耐冻融能力、耐盐析能力等。

4.3.1 重量变化

通过称量每个土柱被加固前的重量m_1与加固保护材料固化后的重量m_2，可以计算出样品的增重率=（m_2-m_1）/ $m_1\times100\%$，取每种加固保护材料加固的8份样品平均值，列于表4-4。

表4-4 加固保护材料固化前后样品重量变化值

样品	加材料之前重量（g）	材料固化后重量（g）	平均增加重量（g）	平均增重率（%）
500E	139.58	147.27	7.69	5.51
R300	143.04	150.39	7.35	5.14
31J	142.26	143.55	1.29	0.91

续表

样品	加材料之前重量（g）	材料固化后重量（g）	平均增加重量（g）	平均增重率（%）
B72	141.48	143.17	1.69	1.19
PVB	144.17	144.45	0.28	0.19
硅溶胶	143.01	155.17	12.16	8.50
聚氨酯	142.31	144.98	2.67	1.88
纳米二氧化硅	140.85	146.09	5.24	3.72

从图4-2中可以更加明显地看出，在加固样品的8种材料中，500E、R300、B72、硅溶胶、聚氨酯与纳米二氧化硅这6种材料加固的红烧土样品平均增重率在1%以上，31J与PVB这两种材料加固的红烧土样品平均增重率不到1%，尤其是聚乙烯醇PVB，其增重率仅为0.19%。样品的增重是由浓度和用量决定的，也受到固化时加固材料的挥发影响。

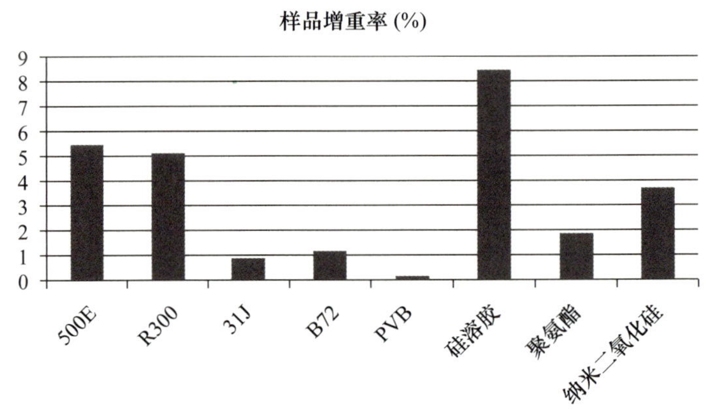

图4-2　加固保护材料固化前后样品重量变化

4.3.2　颜色变化

加固剂处理文物后要求尽量不改变文物的颜色。要比较样品表面加固前后颜色的变化，最直接的方法就是肉眼观察（图4-3），或者使用色差计进行测量。为了定量研究这种变化状况，本实验采用色差计测量土样加固前后的颜色变化。结果可以直接测出L*、a*、b*、ΔL*、Δa*、Δb*、ΔE（L*代表明度值，a*和b*代表色度值，ΔE代表色差综合值），本实验取8份样品进行测试，并取平均值以代替真实值，测定结果见表4-5。

图4-3 加固保护材料固化前后样品外观颜色

表4-5 加固保护材料固化前后样品的SCI值

参数 样品	L*	a*	b*	ΔL*	Δa*	Δb*	ΔE
空白	44.53	15.10	22.16	−48.2	15.6	20.9	54.9
500E	37.79	15.83	21.15	−55.0	16.3	19.9	60.7
R300	39.86	15.91	21.82	−53.0	16.4	20.5	59.1
31J	42.30	15.84	22.60	−50.5	16.5	21.5	57.3
B72	36.42	14.73	19.26	−56.4	15.2	18.0	61.1
PVB	42.58	16.03	22.90	−50.2	16.5	21.6	57.1
硅溶胶	40.42	16.29	22.77	−52.4	16.8	21.5	59.1
聚氨酯	41.07	16.75	23.55	−51.7	17.2	22.3	58.9
纳米二氧化硅	40.39	14.64	18.21	−52.4	15.1	16.9	57.1

以空白样品的ΔE为单位一，列柱状图，见图4-4。

从图4-4可以看出，与空白样品对比，样品颜色变化最明显的是500E（1∶1）与B72（3%），其次是R300（1∶1）、硅溶胶（原液）和聚氨酯（1∶3），外观颜色变化最小的是31J（2%）、PVB（1%）和纳米二氧化硅（原液）。实验室放置半年后观察发现样品外观颜色基本可以接受（图4-5）。

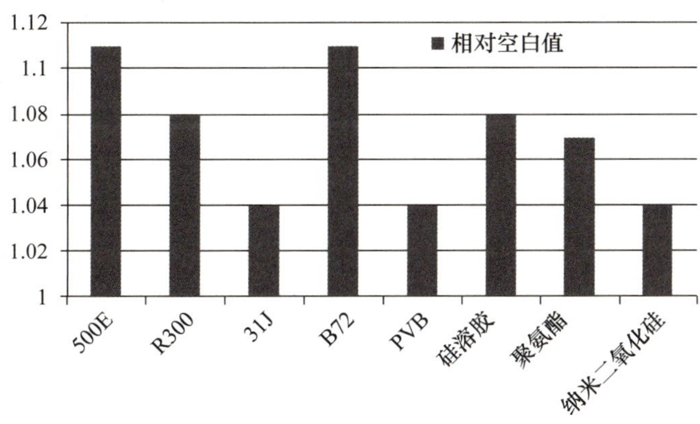

图4-4 加固保护材料固化前后样品颜色变化的定量分析图

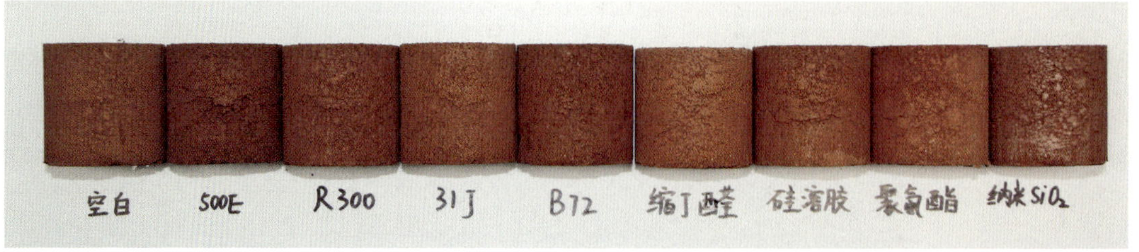

图4-5　加固保护材料固化后室内放置半年样品外观颜色

4.3.3　孔隙率变化

根据ISO 5017: 1998（E）测量孔隙率的方法测量。因空白土样不耐水，以煤油替代水。

孔隙率测定方法：称量土样在空气中的重量（W_1），然后将土样放入装有煤油的真空干燥器里，使土样浸入煤油中，反复抽真空（减压至0. 095MPa），使土样中的空气排尽，然后称量土样在煤油中的重量（W_2）。再将土样迅速取出，擦掉多余的煤油，称量土样饱和煤油后的重量（W_3）。

依下列公式计算土样的孔隙率：

孔隙率（n）=（W_3-W_1）/（W_3-W_2）×100%，实验结果如表4-6所示。

表4-6　加固保护材料固化前后样品孔隙率数值

参数＼样品	空白	500E	R300	31J	B72	PVB	硅溶胶	聚氨酯	纳米二氧化硅
n（%）	44.20	38.82	38.59	43.86	42.99	42.12	36.07	40.92	38.26

从实验数据可以看出，加固保护材料固化后，样品的孔隙率与空白样品相比较都有所减小，尤其材料500E、R300、硅溶胶和纳米二氧化硅处理样品后土柱的孔隙率减小最多，最高达8个百分点。31J、B72和PVB这3种材料处理样品后孔隙率变化很小，在1个百分点左右，其中31J材料处理样品后孔隙率变化仅0.3个百分点，可见样品沉积的量很小。

4.3.4　抗压强度变化

土样被加固保护材料加固后强度的改变是衡量加固保护效果优劣的重要指标之一。

本实验的目的在于检测红烧土样品加固前后强度的变化，仪器为ISTRON3369万能材料实验仪，最大载荷50kN，测量时横梁移动速度5mm/min。由于本次实验样品标准，实验结果平行性较好，每种材料测量3份样品，计算平均值，结果如表4-7所示。

抗压实验载荷-位移图见图4-6。

表4-7 红烧土600℃样品抗压强度值

样品名称	抗压强度/MPa				质量增加/g	抗压强度/质量增加MPa/g
	1	2	3	平均值		
空白	2.311	1.273	1.866	1.817	/	/
500E 1:1	3.655	2.468	3.965	3.363	7.69	0.44
R300 1:1	6.615	4.679	4.963	5.419	7.35	0.74
31J 2%	2.875	1.815	2.546	2.412	1.30	1.86
B72 3%	2.346	1.908	2.295	2.183	1.69	1.29
PVB 1%	2.104	2.400	2.688	2.397	0.28	8.56
硅溶胶	4.890	3.753	4.819	4.487	12.16	0.37
聚氨酯 1:3	3.666	3.701	3.406	3.591	2.68	1.34
纳米二氧化硅	3.383	2.657	2.273	2.771	5.24	0.53

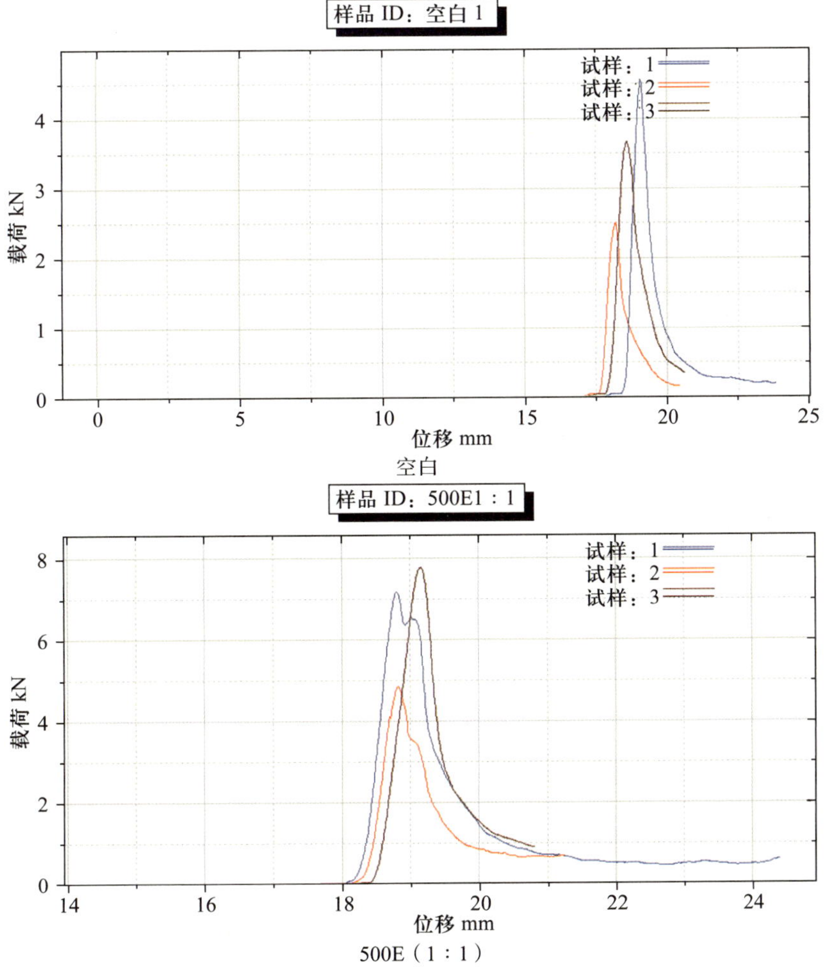

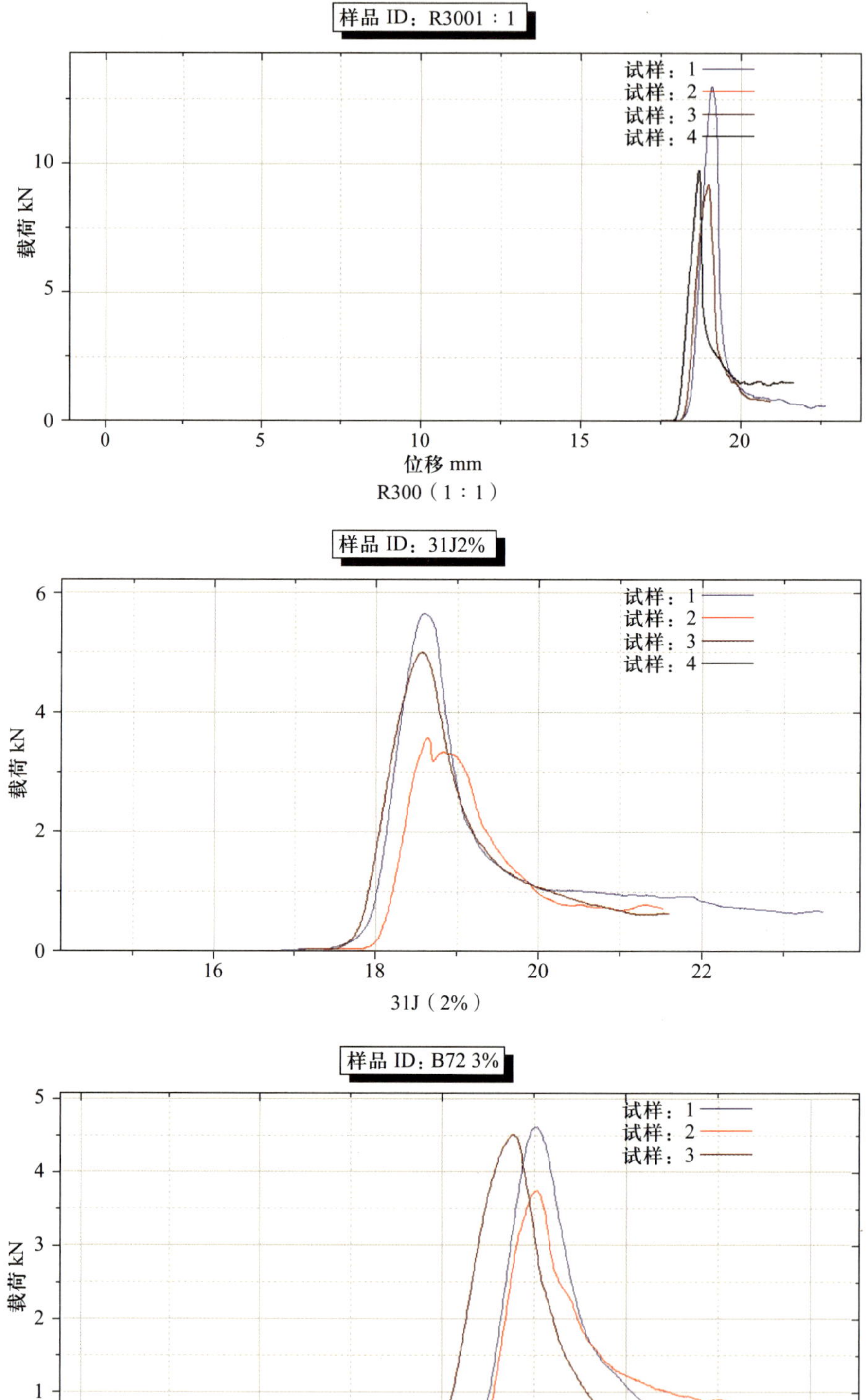
样品 ID：R3001：1
试样：1
试样：2
试样：3
试样：4
载荷 kN
0
5
10
0
5
10
15
20
位移 mm
R300（1：1）
样品 ID：31J2%
试样：1
试样：2
试样：3
试样：4
载荷 kN
0
2
4
6
16
18
20
22
31J（2%）
样品 ID：B72 3%
试样：1
试样：2
试样：3
载荷 kN
0
1
2
3
4
5
14
16
18
20
22
B72（3%）

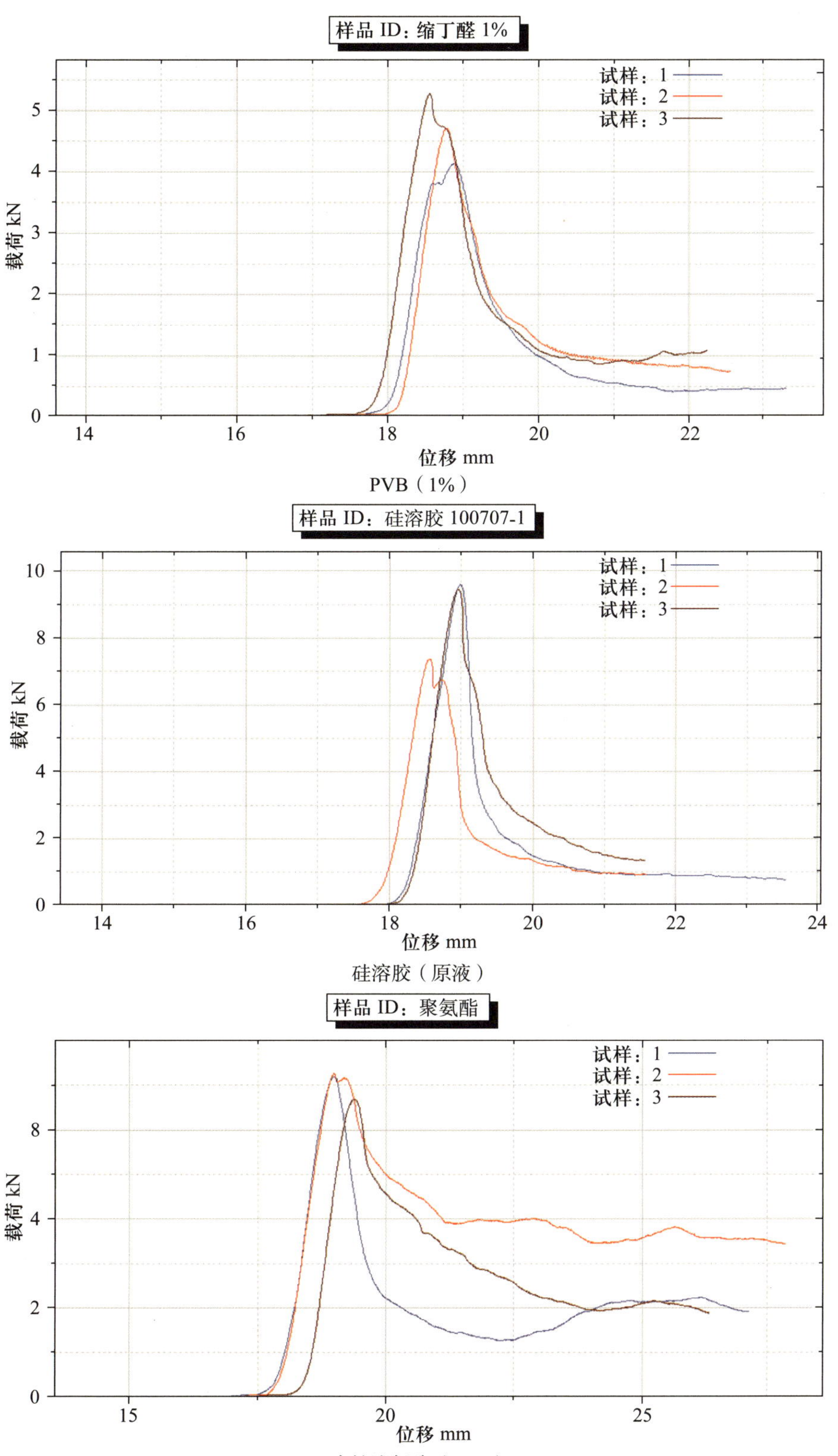

PVB（1%）

硅溶胶（原液）

水性聚氨酯（1∶3）

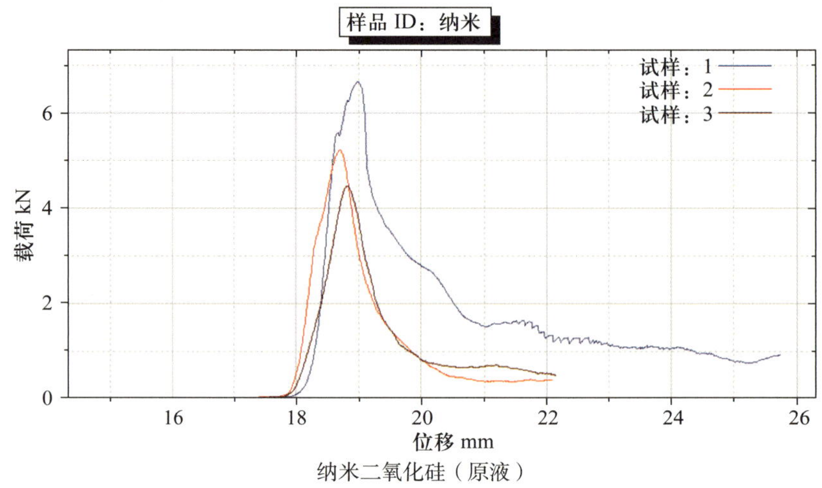

图4-6　加固材料处理600℃红烧土样品固化后抗压实验载荷-位移图

从实验数据可以看出，每种加固保护材料加固土样固化后的抗压强度都比空白样品有所提高。由于每种加固保护材料的使用量不同，不能仅仅以保护材料固化后样品强度的提高作为保护材料优劣的评价标准，因此设计了抗压强度/质量增加（MPa/g）这一指标，用来反映单位质量加固保护材料（固化后）所能够提供的抗压强度值，也即保护材料对样品抗压强度的提高效率。为清晰明了地加以比较，列柱状统计图，见图4-7。

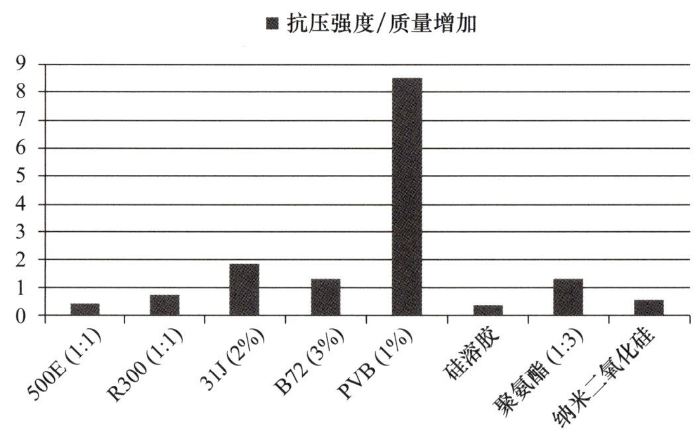

图4-7　加固保护材料的加固效率

由实验数据与图4-7可以清晰看出，单位质量的加固保护材料所提供的抗压强度值从大到小依次为：PVB（1%）、31J（2%）、聚氨酯（1∶3）、B72（3%）、R300（1∶1）、纳米二氧化硅、500E（1∶1）与硅溶胶。浓度为1%的PVB单位质量所提供的抗压强度远远高于其他几种材料，2%的31J对抗压强度的提高也有较高效率。

4.3.5 耐水能力

耐水能力是检验样品稳定性的一个重要方法。很多珍贵的红烧土遗址都处在相对潮湿的环境中。土样特性研究中也发现，对于过火温度在500℃以下的红烧土，水分可以直接或间接对其造成破坏，完全不具备耐水性。在调查中发现大约一半的红烧土遗址烧制温度并不均一，存在着500℃以下的部分。因此，加固后样品的耐水性能是检验加固保护材料的重要方法和必要手段。

取9组土样的抗压实验残块，放入盛有水的槽中完全浸泡，观察记录试样在水中的变化，实验结果见图4-8。

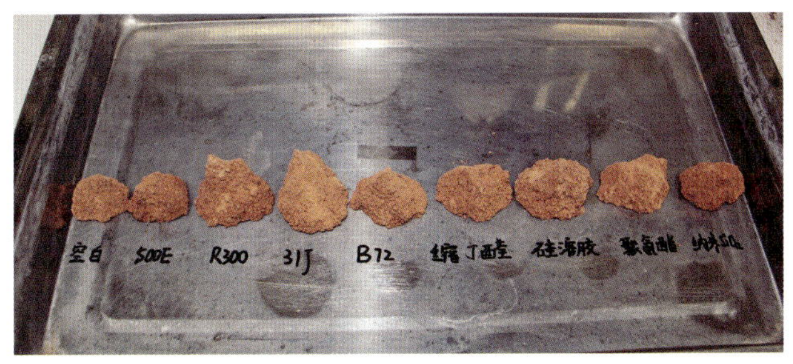

耐水实验前

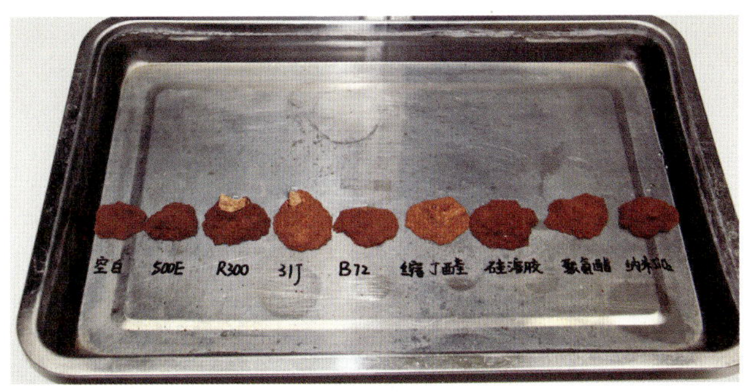

24小时后

图4-8 加固保护材料固化前后样品的耐水状况

从实验结果可以看出，包括空白样品在内的所有样品都具有很好的耐水性能。这说明昌平地区的次生黄土，在过火温度为600℃时，即使是抗压碎块都具备很好的耐水性，针对这种类型的红烧土不需要进行加固保护处理。

4.3.6 耐冻融能力

几个遗址所处地区年温差较大，夏天高温潮湿，冬天寒冷，大都处于零度以下，易出现冷冻现象，再加上遗址所处的环境潮湿，因此几乎这些遗址每年都在经历着一个冻融循环。本冻融实验的目的就是检验加固剂处理后红烧土样的耐冻融能力。采用整体潮湿的冻融实验，方法参照公路工程石料实验规程中的抗冻性实验（T0211-94）方法。在实验中只记录样品形状变化情况。

将8种材料处理过的红烧土样品与空白样品分别放在盛水的盒子中，在室温下浸泡24小时以确保样品饱水。冻融实验开始时，将盒子中的水吸出后放入温度为−25℃的冰箱中冷冻4个小时，取出盒子向其内充满水，室温下浸泡4个小时，此为一个循环。多次循环并记录，结果如表4-8所示。耐冻融实验过程中样品变化状况见图4-9。

表4-8　加固保护材料处理红烧土600℃样品后耐冻融情况

循环次数	样品状况								
	空白	500E	R300	31J	B72	PVB	硅溶胶	聚氨酯	纳米二氧化硅
1	出现碎屑						出现碎屑		出现碎屑
2	碎屑增加						碎屑增加		碎屑增加
3	碎屑增加	出现碎屑	出现碎屑				碎屑增加		碎屑增加
4	表面破坏	碎屑增加	碎屑增加		出现碎屑		碎屑增加	出现碎屑	碎屑增加
5	破坏严重	碎屑增加	碎屑增加		碎屑增加		碎屑增加	碎屑增加	碎屑增加
6	部分垮塌	碎屑增加	碎屑增加		碎屑增加		表面破坏		碎屑增加
7		碎屑增加	碎屑增加		开裂		破坏严重		表面破坏
8		碎屑增加	开裂	开裂	开裂增大				
9		碎屑增加		裂隙增大					
10		碎屑增加							
11		碎屑增加				出现碎屑			
12		碎屑增加			出现碎块	碎屑增加		出现碎块	

样品1：空白

实验前

4个循环后

6个循环后

7个循环后

10个循环后

12个循环后

样品2：500E（1：1）

实验前

4个循环后

6个循环后

7个循环后

10个循环后

12个循环后

样品3：R300（1：1）

实验前

4个循环后

6个循环后

7个循环后

10个循环后

12个循环后

样品4：31J（2%）

实验前

4个循环后

6个循环后

7个循环后

10个循环后

12个循环后

样品5：B72（3%）

实验前

4个循环后

6个循环后

7个循环后

10个循环后

12个循环后

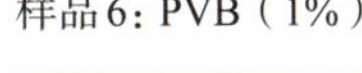

样品6：PVB（1%）

实验前

4个循环后

6个循环后

7个循环后

10个循环后

12个循环后

样品7：硅溶胶（原液）

实验前

4个循环后

6个循环后

7个循环后

10个循环后

12个循环后

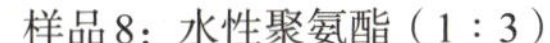
样品8：水性聚氨酯（1：3）

实验前

4个循环后

6个循环后

7个循环后

10个循环后

12个循环后

样品9：纳米二氧化硅乙醇（分散液）

实验前

4个循环后

6个循环后　　7个循环后

10个循环后　　12个循环后

图4-9　加固材料处理600℃红烧土样品固化后冻融实验图

4.3.7　耐盐析能力

在病害调查和特性研究中得知，大河村遗址和钧窑遗址中可溶盐结晶病害非常严重。本实验的目的就是检验红烧土样经加固保护材料处理后在含盐水分作用下的稳定性。实验方法是将处理过的红烧土样品放入5%硫酸钠的水槽中完全浸泡，4小时后取出烘干，此为一个循环。观察记录试样在循环过程中的变化，如脱落、开裂、崩解等情况及发生的时间。实验记录见表4-9，样品在测耐盐析能力过程的变化状况见图4-10。

表4-9　加固保护材料处理600℃样品前后耐盐情况

循环次数	样品状况								
	空白	500E	R300	31J	B72	PVB	硅溶胶	聚氨酯	纳米二氧化硅
1	表层出现大量盐结晶	表层出现盐结晶	表层出现盐结晶				表层出现盐结晶	表层出现盐结晶	表层出现盐结晶
2	盐分结晶大量增加						盐分结晶增加	盐分结晶增加	盐分结晶增加
3	表层出现酥粉						表层出现酥粉	盐分结晶增加	表层出现酥粉
4	表层出现粉末状脱落			表层出现盐结晶			表层出现粉末状脱落	表层出现酥粉	表层出现粉末状脱落
5	粉末脱落增加				表层出现盐结晶		粉末脱落增加	表层粉末脱落	粉末脱落增加
6	表层酥粉严重				表层出现明显结壳	表层出现少量盐结晶	表层出现酥粉	粉末脱落增加	表层出现酥粉
7	表层脱落				表层出现片状脱落		表层酥粉严重	表层出现酥粉	表层酥粉严重
8	新的表层出现酥粉				表层片状脱落增加		大量粉末脱落	表层严重酥粉	大量粉末脱落
9	严重酥粉				发生断裂		粉末脱落增加	大量粉末脱落	粉末脱落增加
10	新表层粉末脱落				观察到内部盐结晶		脱落继续增加		脱落继续增加
11	新表层粉末脱落严重	表层出现粉化	表层出现粉化	表层出现酥粉	内部盐结晶增加	表层盐分结晶增加			
12	新表层脱落	表层粉末脱落	表层粉末脱落	表层粉末脱落	内部酥粉		表层脱落	表层凹凸不平	表层脱落

实验前

1个循环后

4个循环后

5个循环后

6个循环后

7个循环后

8个循环后

9个循环后

10个循环后

空白样品12个循环后

500E样品12个循环后

R300样品12个循环后

31J样品12个循环后

B72样品12个循环后

PVB样品12个循环后

硅溶胶样品12个循环后

聚氨酯样品12个循环后

纳米二氧化硅样品12个循环后

实验室环境下放置八个月后

图4-10 加固材料处理600℃红烧土样品固化后耐盐实验图

空白与B72、硅溶胶、纳米二氧化硅、聚氨酯材料加固样品的耐盐析破坏能力较差，5个循环后已经出现较大破坏，10个循环后已经被严重破坏；500E、R300与31J材料加固的样品，耐盐析腐蚀能力较强，10个循环后出现轻微破坏，12个循环后被破坏程度进一步加大；PVB材料加固的样品，耐盐析腐蚀能力最强，12个循环后仍没有出现破坏现象。

4.3.8 材料分布实验

保护材料是否在被加固的样品中均匀分布，是表征材料性能的一个重要指标。本研究采用环境扫描电镜观察法了解保护材料在被加固样品中的分布情况，结果见图4-11。

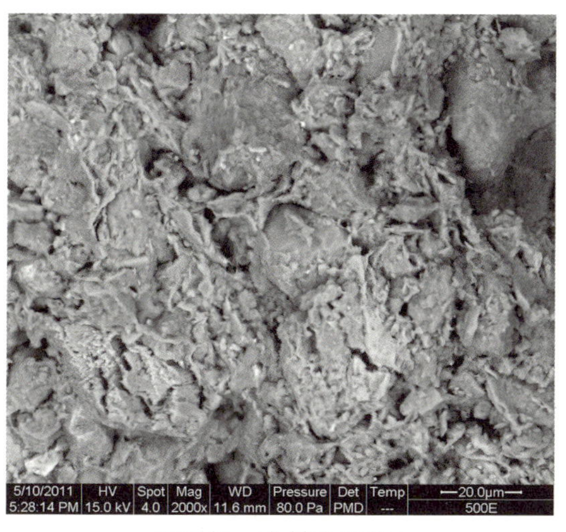

500E（1∶1）样品2000×

500E（1∶1）样品4000×

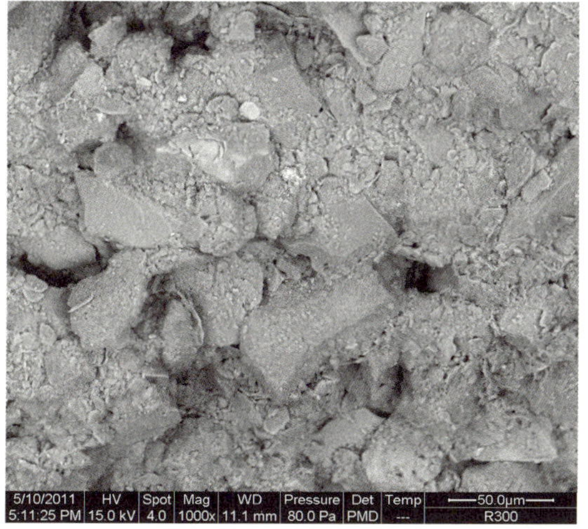

R300 （1∶1）样品1000×

R300 （1∶1）样品2000×

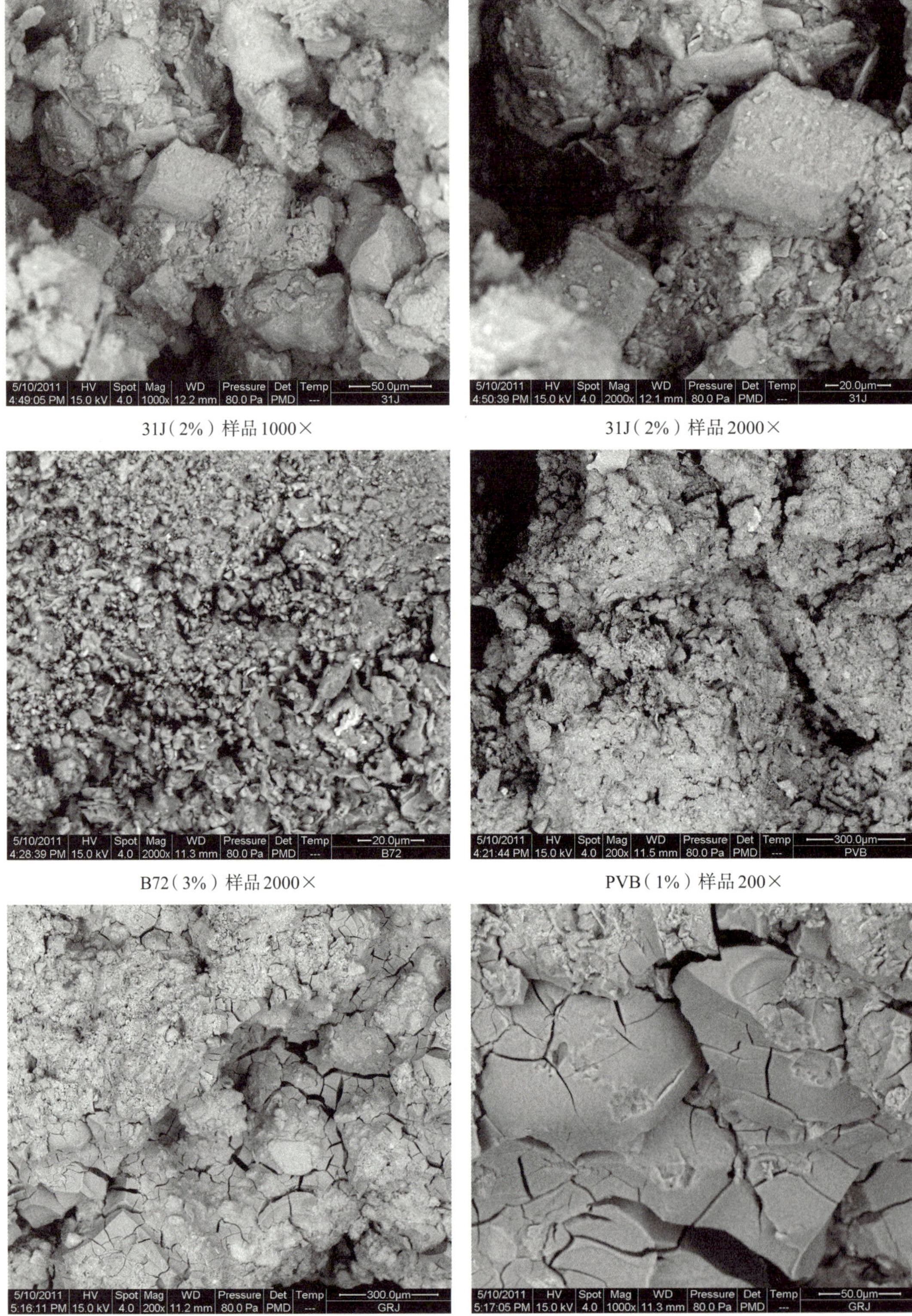

31J（2%）样品1000×

31J（2%）样品2000×

B72（3%）样品2000×

PVB（1%）样品200×

硅溶胶样品200×

硅溶胶样品1000×

聚氨酯（1∶3）样品310×

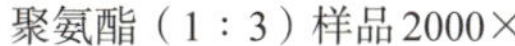

聚氨酯（1∶3）样品2000×

纳米二氧化硅样品200×

纳米二氧化硅样品1000×

图4-11　不同材料加固红烧土样品后扫描电镜照片

从图4-11可以看出，8种材料加固处理后的土样，许多矿物颗粒表面被膜状物质包覆，这种膜状物有的是在一个矿物颗粒表面，有的是在多个矿物颗粒表面，结果是将这些颗粒团聚起来，尤其以R300、硅溶胶、聚氨酯材料加固的红烧土样品表现最为明显；500E、31J和PVB材料加固的红烧土样品中，固化而成的膜状物在矿物颗粒之间存在，将两个矿物颗粒搭接起来；纳米二氧化硅材料多以颗粒状聚集在红烧土样品颗粒的空隙之间，起到黏结作用。

通过这个分析可以认为样品颗粒之间的物质就是加固剂，它将颗粒包埋起来，提高了耐水性；将颗粒团聚或搭接，提高了显微结构的稳定性，宏观结果就是提高了加固强度。

第四节　结论与讨论

4.4.1　结论

经过以上几种效果检验，得出结论如表4-10所示。

表4-10　加固保护材料处理600℃样品后保护效果的综合评价

样品名称	性能指标							综合评价
	渗透能力	颜色变化	单质量抗压强度值	耐水能力	耐冻融能力	孔隙率变化	耐盐析能力	
500E（1∶1）	良	严重加深	较低	中等	中等	较大	强	++
R300（1∶1）	优	略微加深	较低	中等	差	较大	强	+
31J（2%）	优	几乎不变	高	极强	强	很小	强	++
B72（3%）	优	严重加深	中等	差	极差	较小	极差	−
PVB（1%）	差	几乎不变	很高	极强	极强	很小	极强	+
硅溶胶	优	略微加深	最低	差	极差	很大	很差	−
聚氨酯（1∶3）	差	略微加深	中等	差	中等	中等	差	−
纳米二氧化硅	良	几乎不变	较低	极差	极差	较大	很差	−

由上表可知，使用31J、R300和500E材料加固红烧土样品不仅具有很好的渗透能力，而且固化后样品的耐水能力、耐冻融能力、耐老化能力、耐盐析能力和单位质量抗压强度值等性能指标都很符合红烧土遗址加固保护的要求。PVB材料虽然渗透能力略差，但其加固的红烧土样品耐水、耐冻融、耐老化、抗压强度等性能都很好，并且样品的外观颜色几乎没有改变，如果能有效改进其渗透能力，也将能够应用到红烧土遗址加固保护中去，这有待在之后材料适应性研究中加以改进。

B72材料滴加在样品中后，分布不均匀，容易在样品表面结壳。样品内部没有材料存在，使得加固保护效果很差，并且用该材料加固保护处理样品后，样品的外观颜色加深明显，因此不适合作为红烧土遗址的加固保护材料。

硅溶胶、聚氨酯和纳米二氧化硅材料的耐盐析与耐冻融能力极差，并且聚氨酯渗透能力也不强。前面病害调查中已经提到，亟待加固保护的红烧土遗址大多都在经历着冻融与盐析破坏，因此这3种材料不符合保护加固的要求。

4.4.2　讨论

1. 从渗透性能看，31J、硅溶胶、纳米二氧化硅、R300、500E和B72这6种材料渗透性能都很好，是因为它们体系黏度低；PVB和聚氨酯的渗透能力差是因为它们的分子链中含有大量的羟基（-OH）基团，很容易与样品中的羟基形成暂时性氢键，使得体系黏度大，不易渗透样品。

2. 从样品加固保护后的颜色变化看，应用B72、R300、500E这些材料作为加固剂的样品加固后颜色有较明显的变暗加深现象，其原因为：B72为丙烯酸树脂①，随溶剂的挥发易发生“返迁”现象，导致树脂在样品表层积聚众而使颜色加深。R300和500E硅氧烷材料以乙醇作为溶剂，乙醇挥发速度较快，在乙醇快速挥发过程中会出现材料表面轻微聚集现象，故颜色有所加深。

3. 从样品的耐冻融与耐盐析能力看，经B72加固的样品，材料在表面形成致密的保护膜。水与可溶盐进入样品内部后，由于表层空隙被堵塞，水分在样品内部结冰，可溶盐在样品内部结晶析出，都会产生很大的应力进而导致样品破裂。

4. R300与500E都是同一个公司研制生产的有机硅材料，它们的加固保护效果也基本相当，其中500E材料的柔韧性相对较好，因此在后面加固保护材料的适应性研究中以500E作为备选材料。

---

① 周双林. 文物加固过程中树脂反迁研究 [J]. 文物保护与考古科学, 2003 (1): 41-48.

第五章
加固保护材料的适应性研究

我国面积广大，南北跨越热带和温带，东西跨越5000千米，各地的土壤和气象环境差异很大。如西北地区为黄土，东北地区为黑土，而长江以南地区为红土，加上考古遗址的形成方式不一，火烧的方式不一，环境状况不一，因此具有红烧土特性的古代遗址和遗物特性各不相同，风化状况也不同。

为了更有针对性地深入研究加固保护材料对红烧土文物的保护效果，选择大河村遗址、钧窑遗址、牛河梁遗址、兵马俑遗址4个具有代表性遗址进行深入实验。从每个遗址中选取20kg生土制作过火红烧土，以检验材料对不同地区土的加固适用性。

根据加固保护材料初步选择的结果，确定以PVB、500E和31J这3种材料作为进一步实验的备选材料。

第一节　四个遗址红烧土样品的制备

制备好的样品尽量在密度、矿物组成、过火温度和含盐量这四个方面与遗址中红烧土基本类似，才能用其代表遗址中的红烧土进行适应性研究。

在确保符合要求的前提下，把制备好的红烧土样品放在通风橱内，分别用浓度为0.5%的PVB、1∶1的500E和2%的31J 3种材料加固8份样品，控制好需要的湿度使其固化一个月，以备效果检验实验的使用。

5.1.1　大河村遗址红烧土样品的制备

5.1.1.1　样品制备一：块状含盐红烧土

1. 选土与制样

从前面的病害调查以及特性研究章节已经知道，大河村遗址中的红烧土密度大，孔隙率较小，含盐量较高。根据这些特性，把取自大河村遗址的生土去除大颗粒，过筛（20目），加水搅拌均匀，称取150克（湿重）制成ϕ50mm×50mm的圆柱形土样70个（150克制备土样70个，每个0.5克），自然干燥后放入马弗炉中，待温度升高到600℃后恒温2个小时。

2. 加盐（图5-1）

引起大河村遗址病害的一个最重要的原因是可溶盐的结晶—溶解循环造成的。研究表明，黏土中如果含有钾、钠、钙、镁、铁的硫酸盐，当这些盐分结晶时，就会在样品表面形成一层白霜[①]，进而对遗址造成破坏，其中以芒硝（十水合硫酸钠）的影响最为严重。为了做出与遗址土尽可能类似的样品，对制备好的红烧土样品进行了加盐处理。在加盐处理之前对样品进行了含盐量分析，结果见表5-1。

样品烧制前

样品烧制后

样品加盐结束后

样品加盐完成5个小时后

① 江苏省宜兴陶瓷工业学校. 陶瓷工艺学 [M]. 北京: 轻工业出版社, 1987: 42.

样品加盐完成20个小时后

样品加盐完成24个小时后

样品加盐完成48个小时后

图5-1 大河村遗址600℃红烧土加盐样品的制备

表5-1 大河村遗址模拟制备样品的含盐量

无机阳离子			
样品名称	总含量（mg/kg）		
	Na^+	K^+	Mg^{2+}
600℃样品	51.19	74.96	41.68
无机阴离子			
样品名称	总含量（mg/kg）		
	Cl^-	NO_3^-	SO_4^{2-}
600℃样品	20.14	11.91	299.31

通过计算可知该样品的含盐量为0.499g/kg，在第三章特性研究中已经计算出其中两个未风化样品的含盐量分别为5.6g/kg和10.4g/kg，要模拟遗址中的样品就需要补充样品的含盐量。配制2%（m/v）的无水硫酸钠水溶液，向每个土样中滴加50mL，这样

可以使样品的含盐量达到7.54g/kg，介于5.6—10.4g/kg之间，符合实验要求。

3. 样品加固

将加盐处理后彻底干燥的样品放在通风橱内，用加固保护材料进行加固处理。由于大河村遗址所处环境常年较为潮湿，空气湿度大都在90%以上，材料固化时要保持通风橱内的湿度在90%左右。

4. 样品性质

在实验室内放置24小时平衡后，称量70份红烧土样品的质量，计算得到平均值为142.06g，平均烧失率（设烧前质量m_1，烧后质量m_2，$\Delta m = m_2 - m_1$；则烧失率$= \Delta m / m_1 \times 100\%$）为4.9%，平均密度（样品体积98.1$cm^3$）为1.45$g/cm^3$，与大河村2号样品（风化样品）密度（1.41$g/cm^3$）接近。

为了了解制备样品的矿物组成成分，以及样品焙烧前后矿物成分的变化，对焙烧前后的样品进行了XRD衍射分析，结果见表5-2。

表5-2 大河村遗址模拟制备600℃样品X射线衍射矿物成分分析

样品	石英	方解石	斜长石	微斜长石	云母	绿泥石	蒙脱石	白云石	闪石
烧之前	55%	4%	21%	5%	9%	1%	1%	2%	1%
600℃后	44%	3%	25%	9%	13%	—	1%	1%	3%

将表5-2实验数据与大河村遗址红烧土样品的矿物组成进行比较可知，制备样品的矿物组成与遗址中样品的矿物组成基本相同。

总之，从密度、含盐量、外观颜色和矿物组成上看，600℃条件下焙烧的红烧土样品基本可以代表大河村遗址中的部分红烧土作为研究对象进行针对性研究。

5.1.1.2 样品制备二：风化成粉末的红烧土

为模拟遗址中过火温度高同时在盐的作用下已经风化的红烧土，制备了过火后粉碎，然后团聚成型的红烧土样品。

制备方法：将去除大颗粒、过筛（20目）的遗址生土放在实验室环境下（温度20℃，湿度70%左右），自然干燥后放入马弗炉中，待温度升高到900℃后，恒温2个小时，自然冷却后取出，加水搅拌均匀，塑成φ50mm×50mm的圆柱形土样。土样自然干燥后滴加保护材料，而后将其放在湿度恒定在90%的通风橱内一个月，待加固保护材料固化后以备检验实验使用，见图5-2。

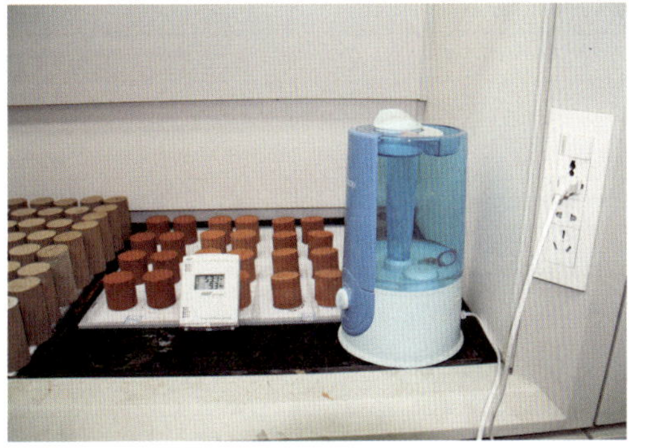

图5-2 样品固化条件

土样干燥后32份样品的平均质量为139.3g，平均密度为1.42g/cm³，与大河村2号样品（风化样品）密度（1.41g/cm³）更为接近。

样品的矿物组成与600℃红烧土相比缺少了方解石、蒙脱石和白云石，基本与遗址中高温条件下红烧土样品的矿物组成类似，见表5-3。

表5-3　大河村遗址模拟制备900℃样品X射线衍射矿物成分分析

样品	石英	斜长石	微斜长石	云母	赤铁矿	闪石
900℃后	58%	24%	23%	2%	1%	2%

据此可知，900℃条件下制备的红烧土样品，可以代表大河村遗址中较高温度条件下的红烧土分化样品进行适应性研究。

5.1.2　钧窑遗址红烧土样品的制备

钧窑遗址红烧土的位置主要在倒焰窑和双乳窑的外窑壁上，这部分红烧土过火温度较低，颜色略红，土质疏松，孔隙率大，含盐量高。

根据这些特点，在样品制备时把取自遗址窑炉外部的生土加水搅拌均匀后，根据要求塑成ϕ50mm×50mm圆柱形土样，自然干燥后，在600℃条件下烧制出32份样品。制备完成后平均重量为131.98g，平均密度为1.35g/cm³。

制备好的红烧土样品与遗址中的红烧土含盐量基本相同，矿物组成基本类似，具体数据见表5-4和表5-5。

表5-4　钧窑遗址与模拟制备样品的含盐量分析数据

无机阳离子

样品名称	总含量（mg/kg）			
	Na^+	K^+	Mg^{2+}	Ca^{2+}
钧窑遗址2号样品	1332.25	21.28	470.82	4119.47
600℃样品	2486.40	16.30	341.59	5308.51

无机阴离子

样品名称	总含量（mg/kg）		
	Cl^-	NO_3^-	SO_4^{2-}
钧窑遗址2号样品	538.74	4919.53	12808.70
600℃样品	1685.70	6740.97	15658.18

表5-5　钧窑遗址与模拟制备样品X射线衍射矿物成分分析

样品	云母	石英	斜长石	微斜长石	闪石	绿泥石	石膏
未烧土	5%	60%	23%	4%	2%	2%	3%
600℃样品	5%	67%	22%	3%	1%	1%	—

从分析数据可以看出，钧窑遗址在600℃条件下制备的红烧土样品符合实验要求，可以代表钧窑遗址中的红烧土进行适应性研究。

5.1.3 牛河梁遗址红烧土样品的制备

牛河梁遗址的红烧土主要是1号地点女神庙中的泥塑和坑壁，据推测，遗址中红烧土可能是由于不慎着火而形成，因此红烧土的过火温度高低不等。实验选择在400℃与600℃两个温度下制备样品。

制备完成后样品的平均质量分别为137.93g和134.64g，平均密度分别为$1.41g/cm^3$和$1.37g/cm^3$。

焙烧后样品的矿物组成见表5-6。

表5-6 牛河梁遗址模拟制备样品的矿物成分分析

样品	方解石	云母	石英	斜长石	微斜长石	闪石	绿泥石
400℃	8%	3%	41%	31%	8%	5%	2%
600℃	5%	2%	37%	44%	8%	3%	1%

从外观颜色上看，模拟制备的样品与遗址中样品基本接近，见图5-3。

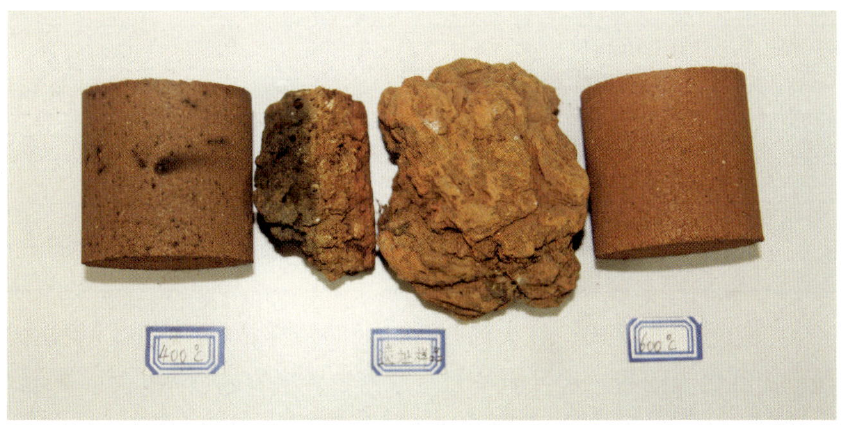

图5-3 牛河梁遗址红烧土与模拟制备的样品外观颜色

将制备的样品与遗址中的样品进行比较，两者在密度、矿物组成、外观颜色等性质上都很类似，符合实验要求。

5.1.4 兵马俑遗址红烧土样品的制备

密度较大是兵马俑遗址红烧土的最大特点。从遗址上采集20kg红烧土作为样品制备的原料。将红烧土粉碎后加少量水搅拌均匀，放置72个小时后制成φ50mm×50mm圆柱形土样，自然干燥后使用3种材料分别加固8份样品，放在通风橱内，室温下固化一个月以备效果检验实验。32份样品的平均质量为146.18g，平均密度为1.49g/cm^3。

5.1.5 加固保护材料的用量和渗透速度

实验中记录了每组实验的8份样品加固保护材料的用量和加固时间，取其平均值，见表5-7。

表5-7 加固保护材料的用量和渗透速度

样品及参数 \ 材料及浓度		500E（1∶1）	31J（2%）	PVB（0.5%）
大河村遗址600℃	时间（min）	13	9.5	13
	用量（mL）	45	47	30
大河村遗址900℃	时间（min）	9	10	20
	用量（mL）	42	41	22
牛河梁遗址400℃	时间（min）	25	7	40
	用量（mL）	39.5	33	22
牛河梁遗址600℃	时间（min）	21.8	6	32
	用量（mL）	40	31	33
钧窑遗址600℃	时间（min）	12	15	28
	用量（mL）	47	48	30
兵马俑遗址	时间（min）	25	35	55
	用量（mL）	32	20	16

从上表实验数据可以看出，在大河村遗址的两种样品中，粉状红烧土样品的渗透性不如块状含盐红烧土样品，这可能是因为盐分在析出的过程中扩宽了样品内部空隙，900℃样品的颗粒较小，制成圆柱形样品时内部孔隙率较小。

牛河梁遗址400℃样品与600℃样品相比较，后者需要的材料量较大，渗透速度快，这可能是由于焙烧温度在600℃时，土壤中的有机物完全分解，无机质矿物质部分被烧结收缩，从而使得样品的孔隙率增大。

3种材料对兵马俑遗址样品的渗透性都很差，并且用量也很少，这是因为兵马俑遗址的样品密度大，孔隙率小，材料不易进入样品内部。

对于同种样品，500E和31J的渗透速度基本相当，均远远大于PVB。

第二节 效果检验

5.2.1 颜色变化

实验结果表明，使用材料500E（1∶1）、31J（2%）和PVB（0.5%）加固保护4个遗址的样品后，4个遗址的500E加固的样品颜色都有明显的加深；31J加固的样品颜色没有明显变化；PVB材料在加固保护处理兵马俑遗址样品后颜色有所变白，其他3个遗址没有明显变化。样品加固前后的颜色变化照片见图5-4。

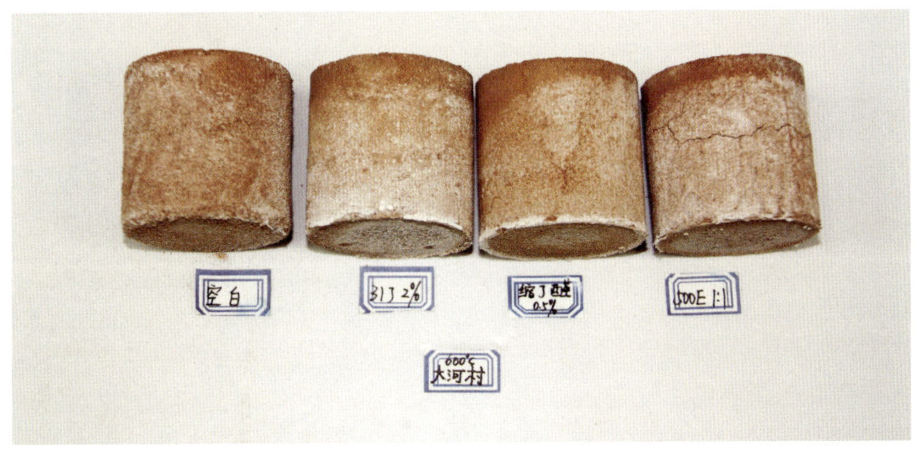

大河村遗址含盐红烧土样品

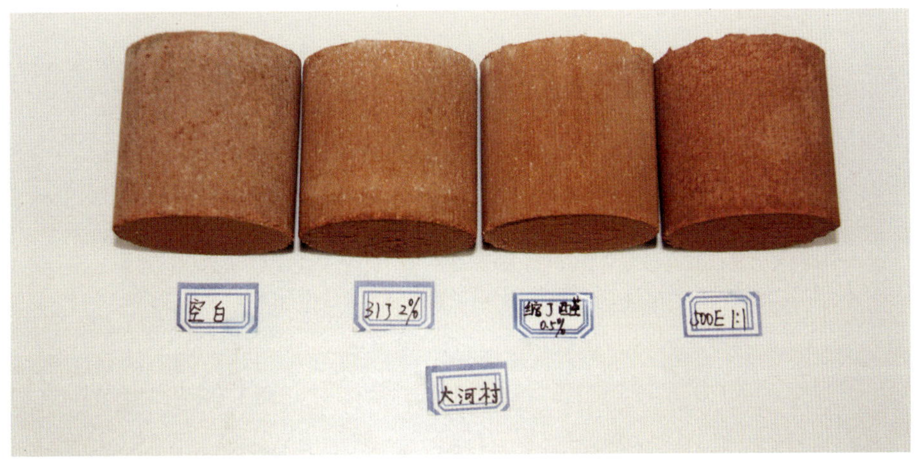

大河村遗址粉末重塑红烧土样品

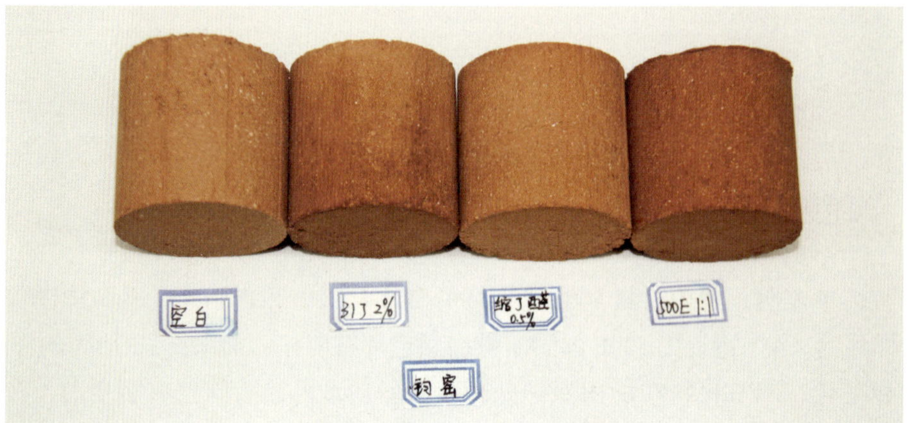

钧窑遗址600℃过火红烧土样品

牛河梁遗址400℃过火红烧土样品

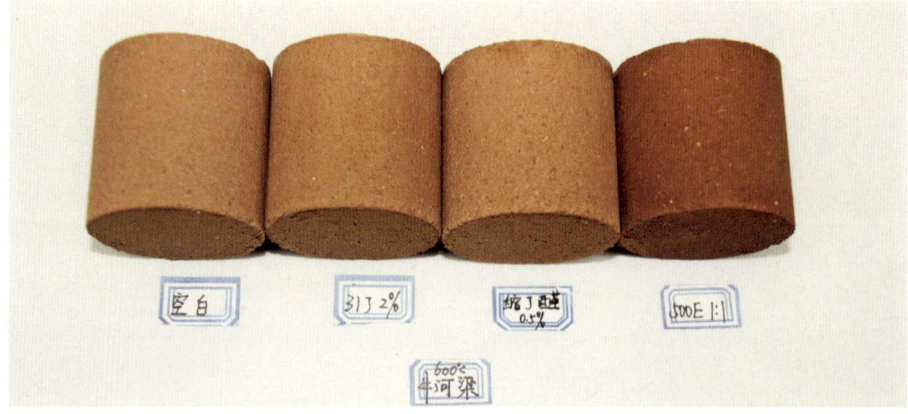

牛河梁遗址600℃过火红烧土样品

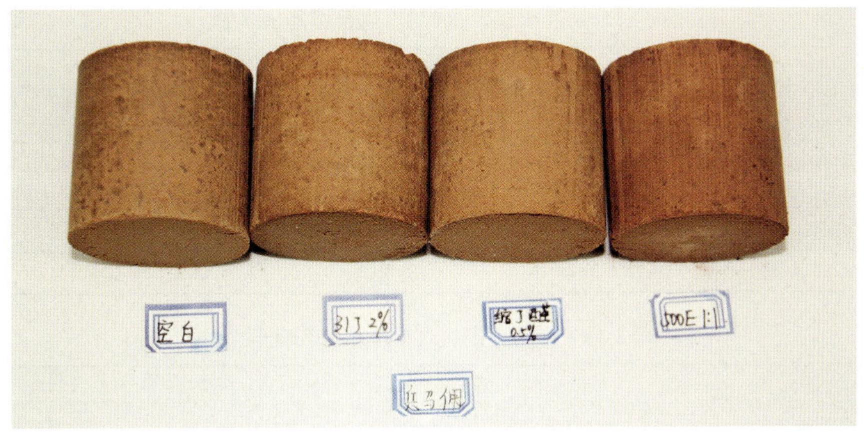

兵马俑遗址红烧土样品

图5-4　四个遗址红烧土样品加固前后外观变化

为了能够定量描述加固保护材料处理样品后的颜色状况，采用了色差计进行测量，取8份样品的平均值，见表5-8至表5-12。

表5-8　大河村遗址900℃红烧土粉末样品SCI值

参数 样品	L*	a*	b*	ΔL*	Δa*	Δb*	ΔE
空白	57.34	16.53	20.57	5.01	-1.48	-7.92	5.49
500E 1:1	51.09	18.83	24.70	-1.24	0.82	-3.79	4.18
31J 2%	55.58	18.20	24.14	3.26	0.21	-4.36	5.45
PVB 0.5%	53.37	18.55	24.43	1.07	0.54	-4.07	4.28

表5-9　钧窑遗址600℃红烧土样品SCI值

参数 样品	L*	a*	b*	ΔL*	Δa*	Δb*	ΔE
空白	51.49	15.99	28.95	-0.96	0.42	-0.32	1.13
500E 1:1	45.13	17.53	29.09	-7.31	1.96	-0.10	7.58
31J 2%	51.88	15.45	27.80	-0.57	-0.28	-1.39	1.69
PVB 0.5%	51.06	15.64	28.08	-1.38	0.06	-1.11	1.78

表5-10　牛河梁遗址400℃红烧土样品SCI值

参数 样品	L*	a*	b*	ΔL*	Δa*	Δb*	ΔE
空白	46.06	11.63	20.78	-6.20	-6.38	-7.71	11.8
500E 1:1	38.21	13.33	21.03	-14.13	-4.68	-7.47	16.7
31J 2%	44.57	12.89	21.90	-7.75	-5.11	-6.59	11.4
PVB 0.5%	45.31	13.02	22.24	-7.01	-4.99	-6.26	10.7

表5-11　牛河梁遗址600℃红烧土样品SCI值

参数 样品	L*	a*	b*	ΔL*	Δa*	Δb*	ΔE
空白	49.18	14.82	23.43	−3.15	−3.19	−5.06	6.77
500E 1:1	43.17	16.24	23.71	−9.15	−1.76	−4.67	10.44
31J 2%	47.86	15.60	24.68	−4.47	−2.41	−3.81	6.35
PVB 0.5%	48.57	15.22	24.06	−3.76	−2.79	−4.44	6.45

表5-12　兵马俑遗址红烧土样品SCI值

参数 样品	L*	a*	b*	ΔL*	Δa*	Δb*	ΔE
空白	54.01	11.01	24.64	1.57	−4.57	−4.55	6.64
500E 1:1	48.07	12.43	25.77	−4.37	−3.15	−3.42	6.69
31J 2%	51.98	11.56	24.69	−0.46	−4.02	−4.50	6.07
PVB 0.5%	51.92	11.68	24.97	−0.52	−3.90	−4.23	5.80

为了更加直观地看出各种材料加固样品固化后的颜色变化定量分析结果，将牛河梁样品和钧窑样品测得的色差值ΔE列成柱状图，见图5-5。

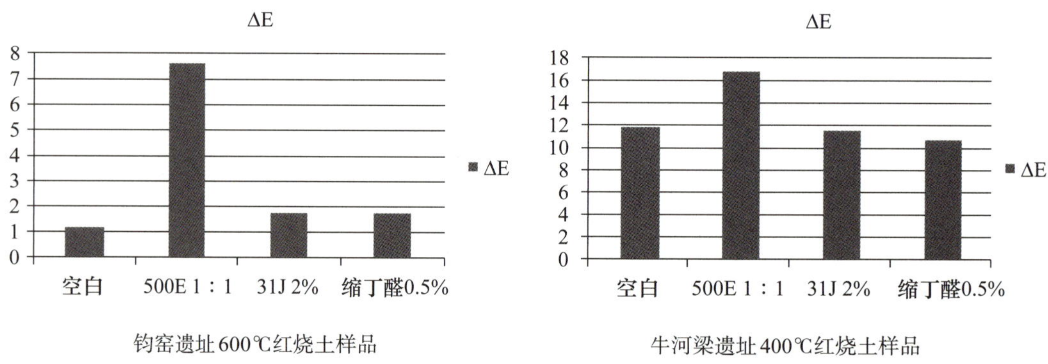

钧窑遗址600℃红烧土样品　　牛河梁遗址400℃红烧土样品

牛河梁遗址600℃红烧土样品

图5-5　几个遗址红烧土样品色差实验ΔE值柱状图

从柱状图上可以看出，500E材料加固的几个遗址的红烧土样品外观颜色改变都较大，尤其是钧窑遗址的红烧土样品外观，颜色改变最为明显，其次是牛河梁遗址的样品。

5.2.2 重量变化

加固保护材料固化后样品重量变化的多少，是反映该种材料在加固保护样品的过程中对样品干预大小的一个重要指标，也是衡量该种材料保护效果的一个方面。样品加固前后重量变化越小，同时起到的保护作用越大，那么用该种材料加固保护此种样品的效果就越好。

实验结果表明，使用500E材料加固保护4个遗址红烧土样品，材料固化后样品的平均增重率最大，远远高于31J和PVB。这是因为500E的浓度高，沉积的物质量大。具体数值见表5-13至表5-18。为便于直观看出对比结果，列柱状图，见图5-6。

表5-13 加固材料处理大河村遗址600℃样品固化后重量变化值

样品	加材料之前重量（g）	材料固化后重量（g）	平均增加重量（g）	平均增重率（%）
500E	143.04	153.27	10.23	7.15
31J	143.04	145.10	2.06	1.44
PVB	143.04	143.95	0.91	0.64

表5-14 加固材料处理大河村遗址900℃样品固化后重量变化值

样品	加材料之前重量（g）	材料固化后重量（g）	平均增加重量（g）	平均增重率（%）
500E	139.37	148.32	8.95	6.42
31J	139.31	140.19	0.88	0.63
PVB	139.12	139.48	0.36	0.26

表5-15 加固材料处理钧窑遗址600℃样品固化后重量变化值

样品	加材料之前重量（g）	材料固化后重量（g）	平均增加重量（g）	平均增重率（%）
500E	131.56	143.06	11.5	8.74
31J	131.77	132.66	0.89	0.68
PVB	132.61	132.75	0.14	0.11

表5-16 加固材料处理牛河梁遗址400℃样品固化后重量变化值

样品	加材料之前重量（g）	材料固化后重量（g）	平均增加重量（g）	平均增重率（%）
500E	137.89	149.00	11.11	8.06
31J	137.96	139.03	1.07	0.78
PVB	137.94	138.50	0.56	0.41

表5-17　加固材料处理牛河梁遗址600℃样品固化后重量变化值

样品	加材料之前重量（g）	材料固化后重量（g）	平均增加重量（g）	平均增重率（%）
500E	134.43	145.36	10.93	8.13
31J	135.20	136.25	1.05	0.78
PVB	134.28	134.87	0.59	0.44

表5-18　加固材料处理兵马俑遗址样品固化后重量变化值

样品	加材料之前重量（g）	材料固化后重量（g）	平均增加重量（g）	平均增重率（%）
500E	146.19	158.50	12.31	8.42
31J	146.25	146.78	0.53	0.36
PVB	146.12	146.58	0.46	0.31

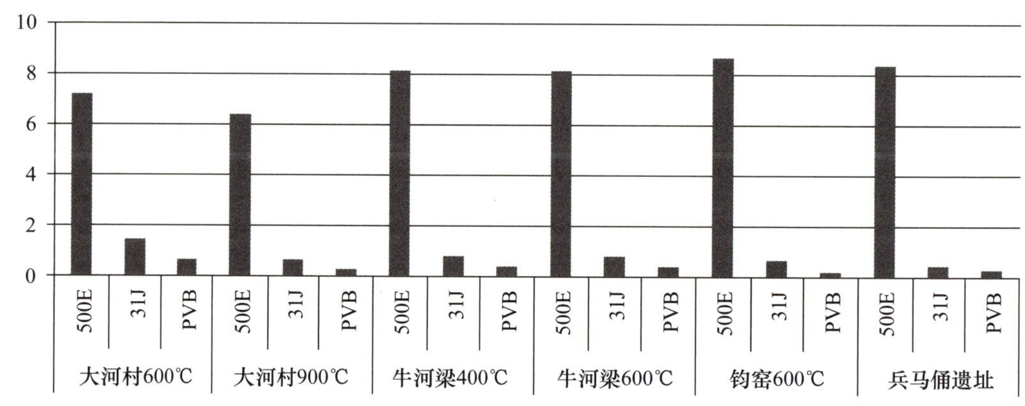

图5-6　加固保护材料固化后样品重量变化统计图

5.2.3　孔隙率变化

加固保护材料处理样品固化后，样品孔隙率变化越小，说明材料在样品中占据的空隙越少，也即干预越小，这可以作为评价材料优劣性的标准之一。对四个遗址的样品进行孔隙率测量，结果见表5-19。

表5-19　四个遗址样品的孔隙率数值

	大河村遗址600℃	大河村遗址900℃	钧窑遗址	牛河梁遗址400℃	牛河梁遗址600℃	兵马俑遗址
空白	44.69	47.40	49.59	45.24	47.22	44.37
500E	40.14	42.47	42.72	37.04	41.15	38.18
31J	45.12	47.04	49.66	45.21	46.52	44.20
PVB	45.55	47.51	49.68	44.90	48.12	44.46

从实验数据可以看出，500E材料加固保护四个遗址样品后，孔隙率都变小6个百分点左右，最大的超过了7个百分点；31J材料加固保护四个遗址样品后，孔隙率变小0.5个百分点左右，基本与空白样品相同；PVB材料处理四个遗址的样品后，孔隙率在空白样品孔隙率左右波动，变化不大。

影响孔隙率变化的因素，包括加固保护材料固化后在样品内部的赋存状态以及加固保护材料的用量，其与样品固化后的重量变化成线性关系。

土样制备过程中，由于重量和高度差别所引起的孔隙率的误差对本实验的结果有一定影响，使得有些土样在加固后的孔隙率反而提高，但几个遗址点的趋势一致，说明材料占有的孔隙率确实很小。

PVB材料出现孔隙率增加的情况，可能与使用乙醇溶剂有关，土在接触乙醇时矿物颗粒吸附乙醇体积膨胀，导致整体的体积膨胀，土样的孔隙率自然提高。

5.2.4 抗压强度

每组样品取3份进行抗压实验，取平均值作为该种样品的抗压强度值。为了更加准确说明单位质量的材料加固样品后的抗压强度，将样品的抗压强度值除以样品重量增加值，简称材料的抗压强度提高效率，作为该材料加固样品后抗压强度的衡量标准。抗压实验数值见表5-20至表5-25。抗压实验载荷-位移图见图5-7。

表5-20　大河村遗址600℃红烧土样品抗压强度数值

样品名称	抗压强度/MPa				质量增加/g	抗压强度/质量增加MPa/g
	1	2	3	平均值		
空白	0.442	0.373	0.354	0.390	/	/
500E（1∶1）	1.929	1.778	1.890	1.866	10.23	0.18
31J（2%）	0.925	0.947	0.713	0.862	2.06	0.42
PVB（0.5%）	0.426	0.353	0.582	0.454	0.91	0.50

表5-21　大河村遗址900℃红烧土样品抗压强度数值

样品名称	抗压强度/MPa				质量增加/g	抗压强度/质量增加MPa/g
	1	2	3	平均值		
空白	0.319	0.317	0.324	0.320	/	/
500E（1∶1）	3.008	3.622	2.575	3.068	8.96	0.34
31J（2%）	0.411	0.423	0.478	0.437	0.88	0.50
PVB（0.5%）	0.341	0.314	0.461	0.372	0.36	1.03

表 5-22　钧窑遗址红烧土样品抗压强度数值

样品名称	抗压强度 /MPa				质量增加 /g	抗压强度 / 质量增加 MPa/g
	1	2	3	平均值		
空白	0.535	0.589	0.566	0.563	/	/
500E（1∶1）	2.906	2.212	2.693	2.604	11.51	0.23
31J（2%）	1.171	1.269	1.128	1.189	0.89	1.34
PVB（0.5%）	0.880	0.824	0.677	0.794	0.14	5.67

表 5-23　牛河梁遗址 400℃红烧土样品抗压强度数值

样品名称	抗压强度 /MPa				质量增加 /g	抗压强度 / 质量增加 MPa/g
	1	2	3	平均值		
空白	1.426	1.698	1.721	1.615	/	/
500E（1∶1）	2.455	2.327	2.204	2.329	11.12	0.21
31J（2%）	2.903	2.751	2.900	2.851	1.07	2.66
PVB（0.5%）	2.132	2.363	2.411	2.302	0.56	4.11

表 5-24　牛河梁遗址 600℃红烧土样品抗压强度数值

样品名称	抗压强度 /MPa				质量增加 /g	抗压强度 / 质量增加 MPa/g
	1	2	3	平均值		
空白	2.466	2.139	2.235	2.280	/	/
500E（1∶1）	3.420	3.432	3.021	3.291	10.93	0.30
31J（2%）	2.768	3.401	4.182	3.450	1.04	3.32
PVB（0.5%）	2.810	2.483	2.661	2.651	0.58	4.57

表 5-25　兵马俑遗址红烧土样品抗压强度数值

样品名称	抗压强度 /MPa				质量增加 /g	抗压强度 / 质量增加 MPa/g
	1	2	3	平均值		
空白	0.907	1.079	0.981	0.989	/	/
500E（1:1）	1.978	1.714	1.702	1.798	12.31	0.15
31J（2%）	1.165	1.322	1.206	1.231	0.54	2.28
PVB（0.5%）	1.052	0.951	1.014	1.006	0.46	2.19

从每组实验数据可以看出，加固保护材料处理后样品的抗压强度都比空白样品的抗压强度有所增大。

经 500E 材料加固的样品抗压强度增加最多，其次是 31J 和 PVB 材料。三种材料加固样品后抗压强度的提高效率，由大到小依次为 PVB、31J 和 500E。

样品 1：大河村遗址 600℃红烧土加盐样品

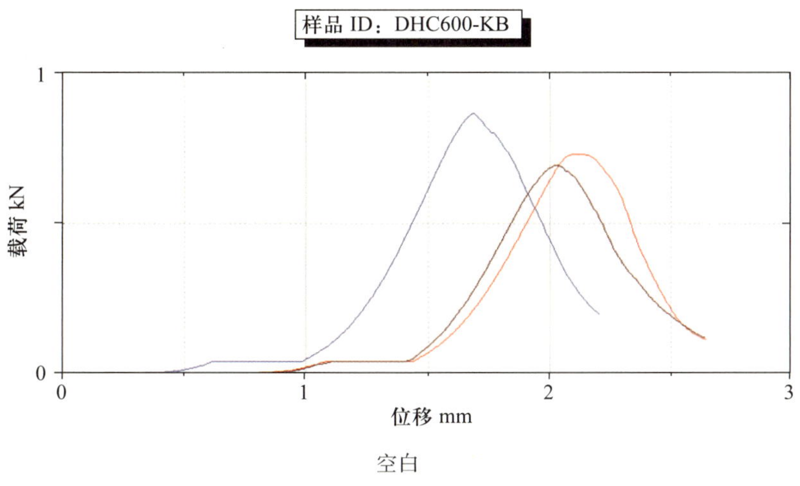

空白

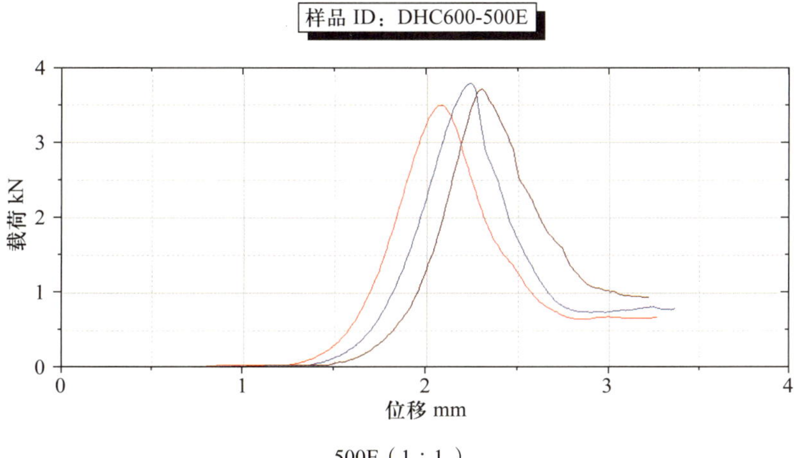

500E（1∶1）

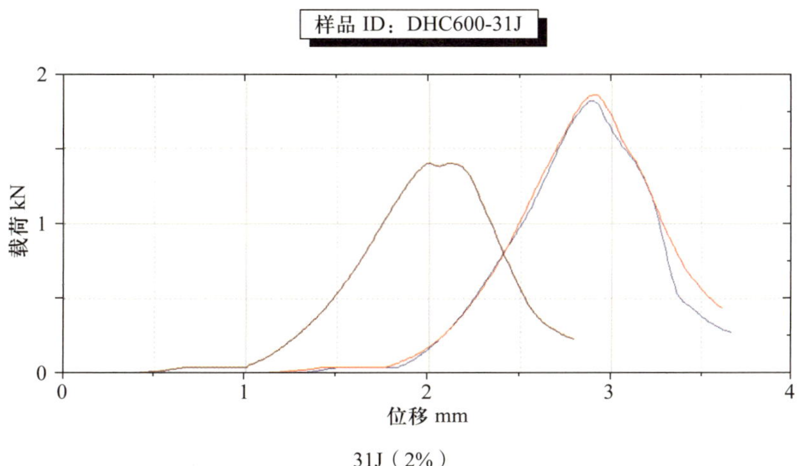

31J（2%）

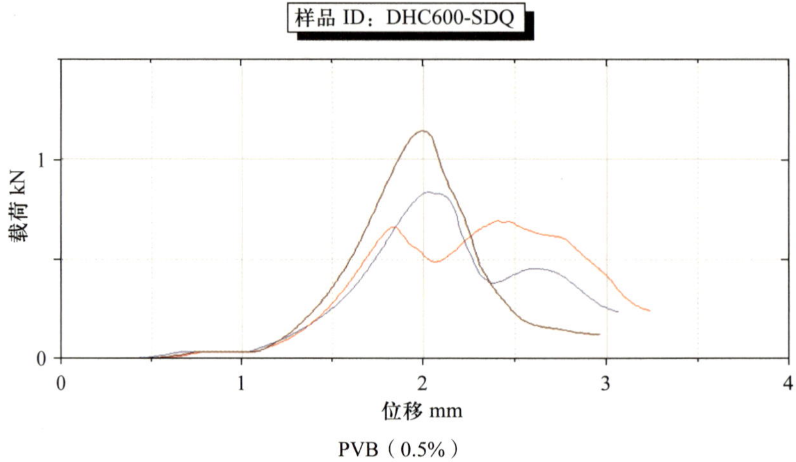

PVB（0.5%）

样品2：大河村遗址900℃红烧土粉末重塑样品

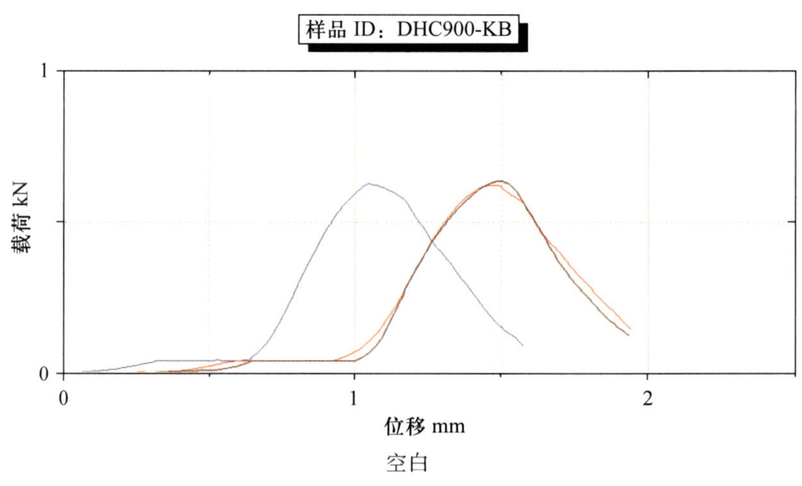

空白

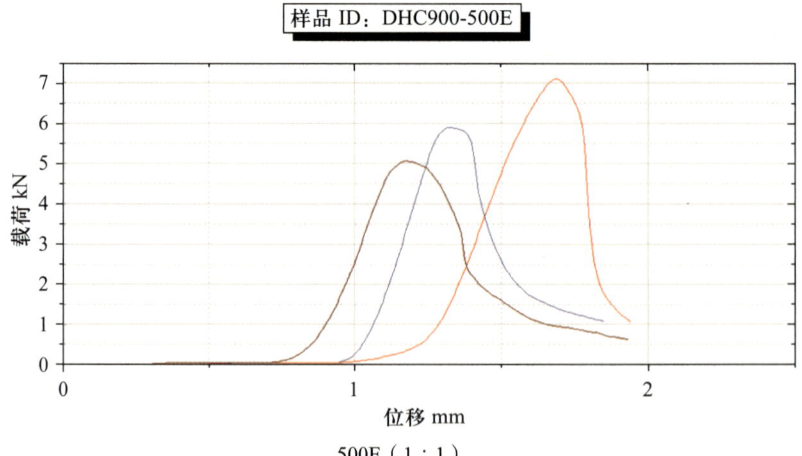

500E（1∶1）

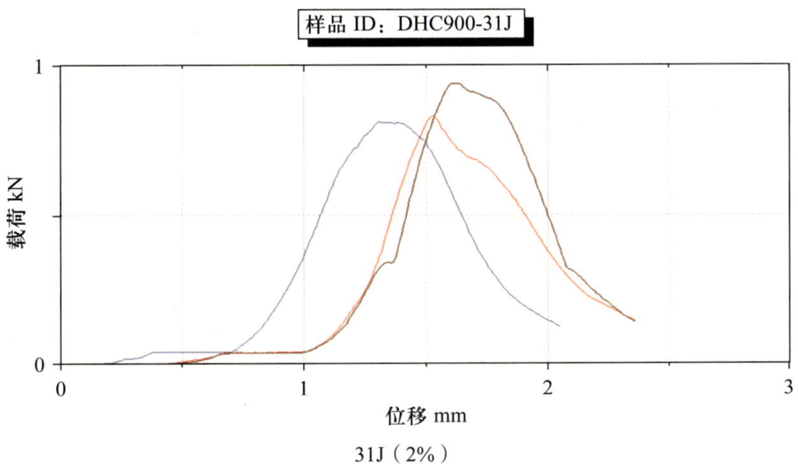

31J（2%）

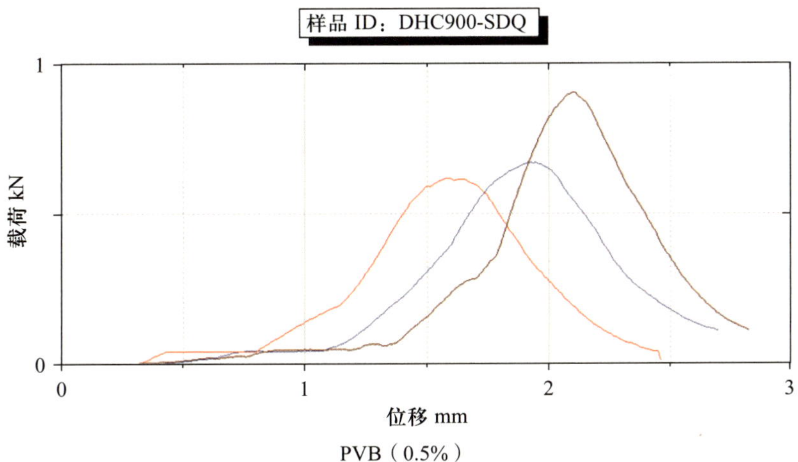

PVB（0.5%）

样品3：牛河梁遗址400℃红烧土样品

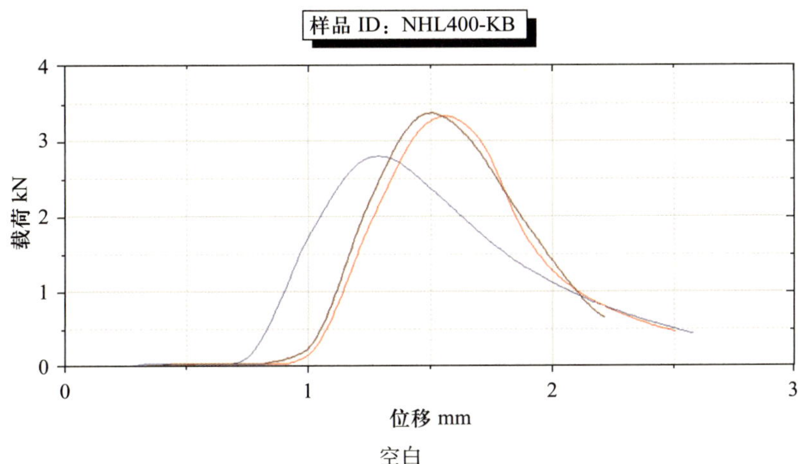

空白

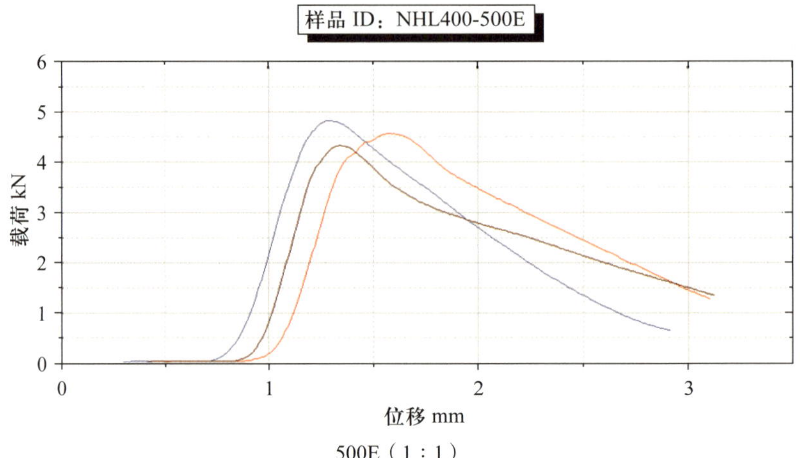

500E（1：1）

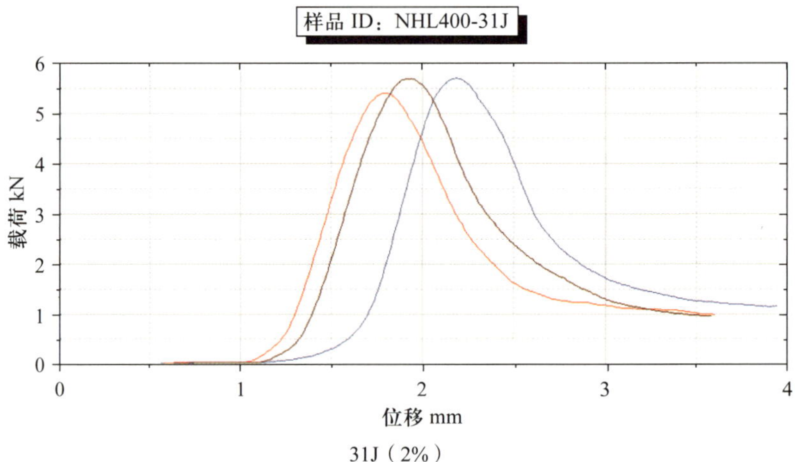

31J（2%）

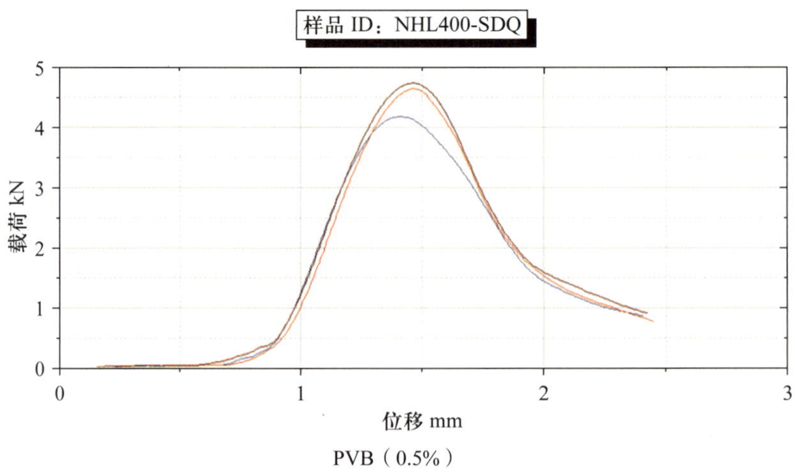

PVB（0.5%）

样品4：牛河梁遗址600℃红烧土样品

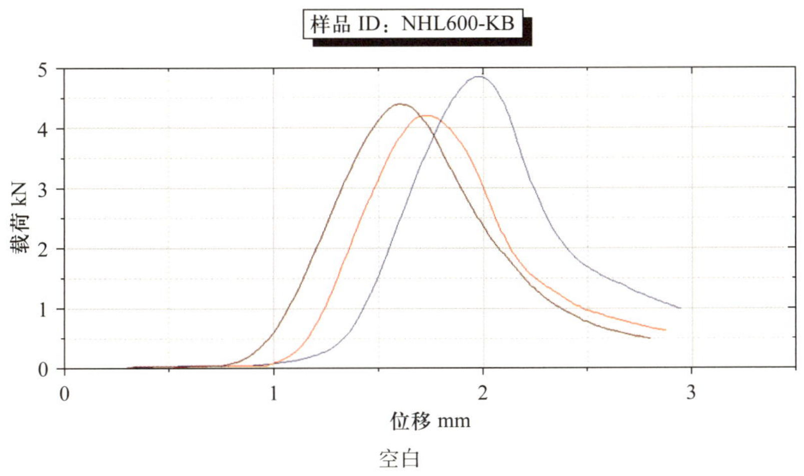

空白

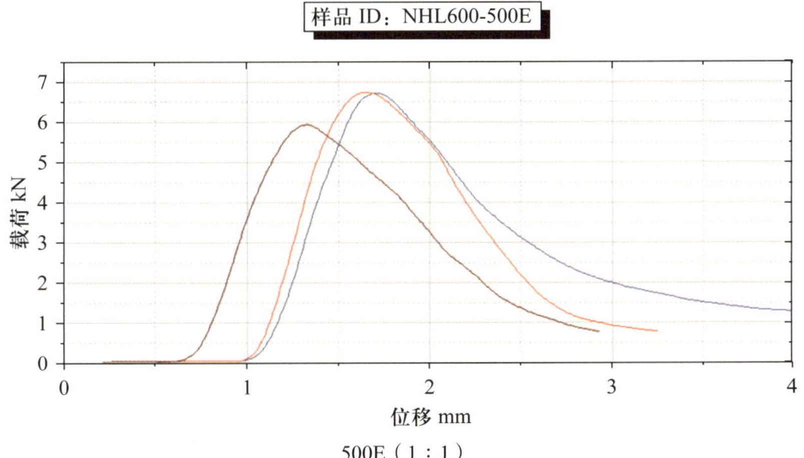

500E（1：1）

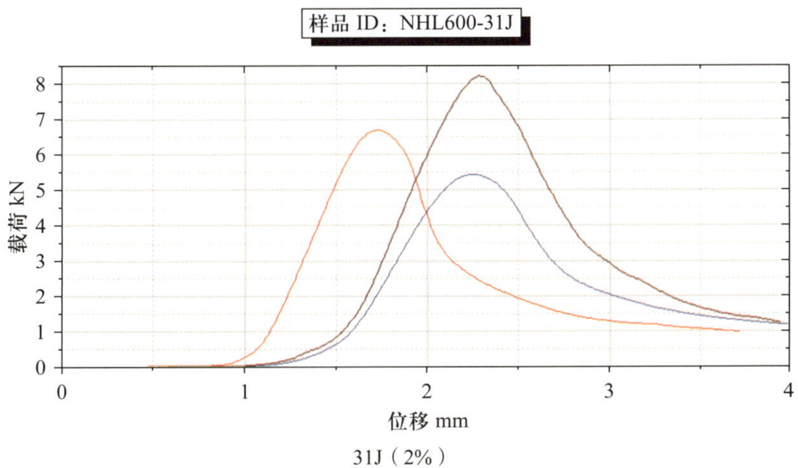

31J（2%）

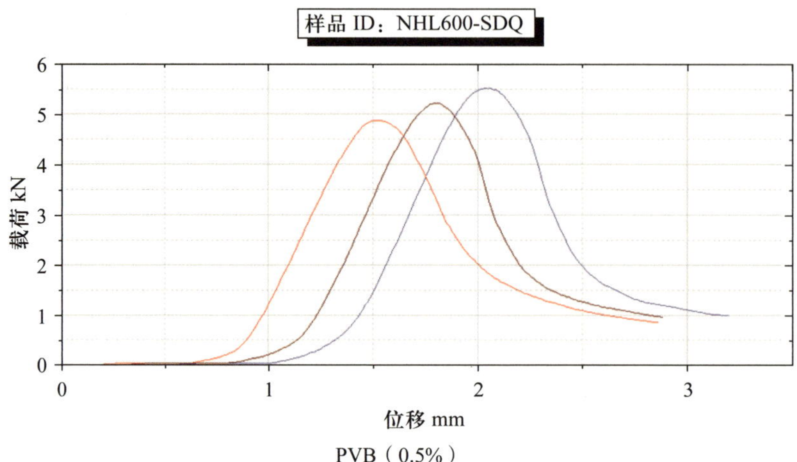

PVB（0.5%）

样品 5：钧窑遗址红烧土样品

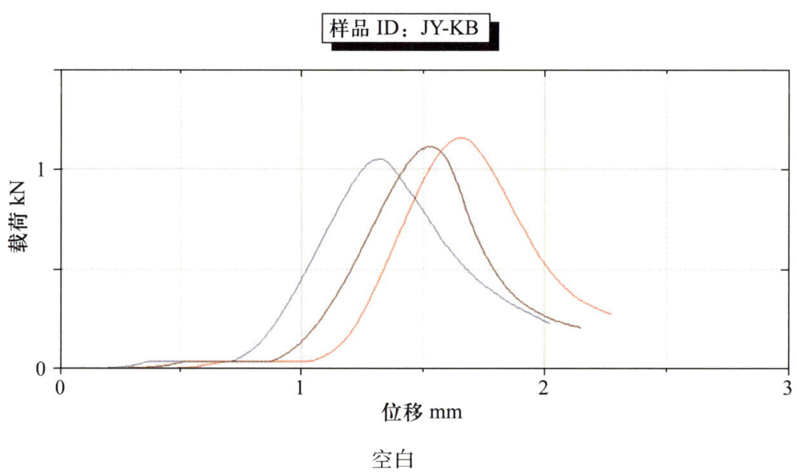

空白

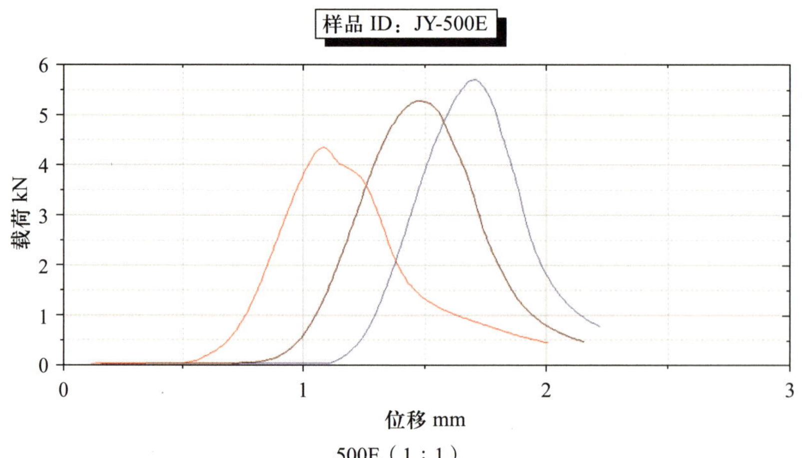

500E（1∶1）

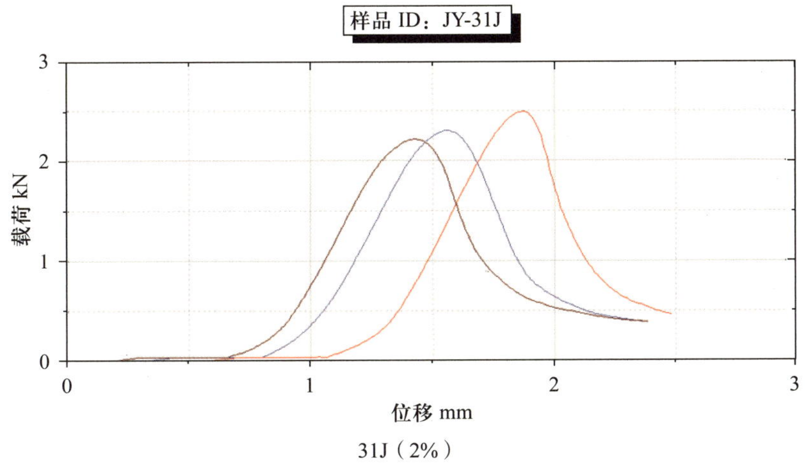

31J（2%）

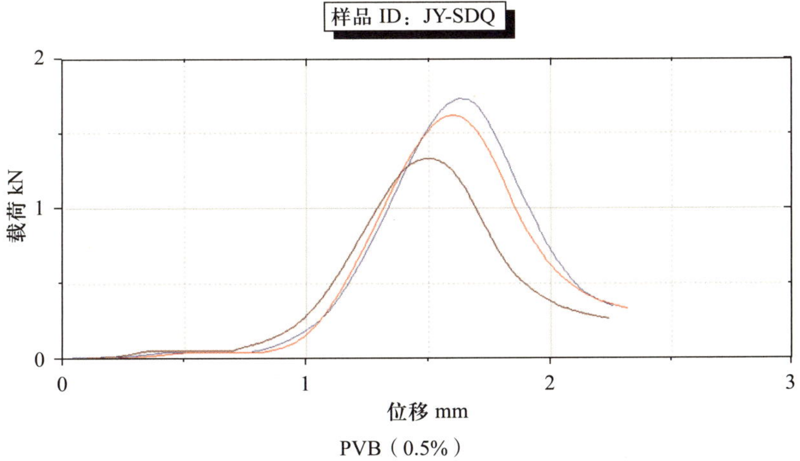

PVB（0.5%）

样品6：兵马俑遗址红烧土样品

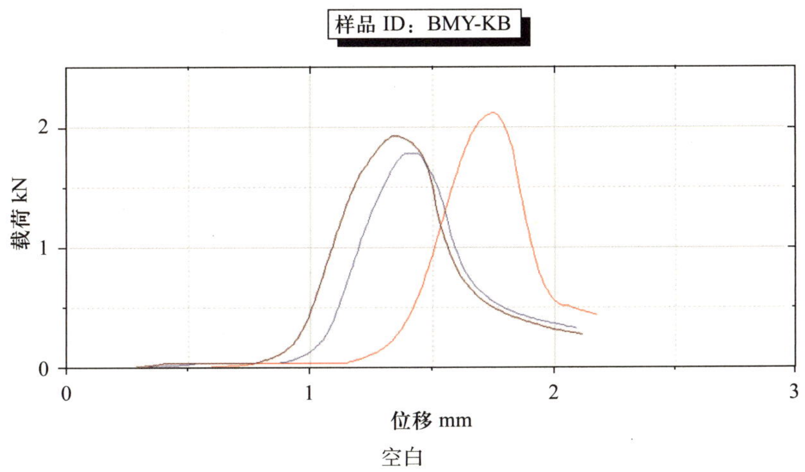

空白

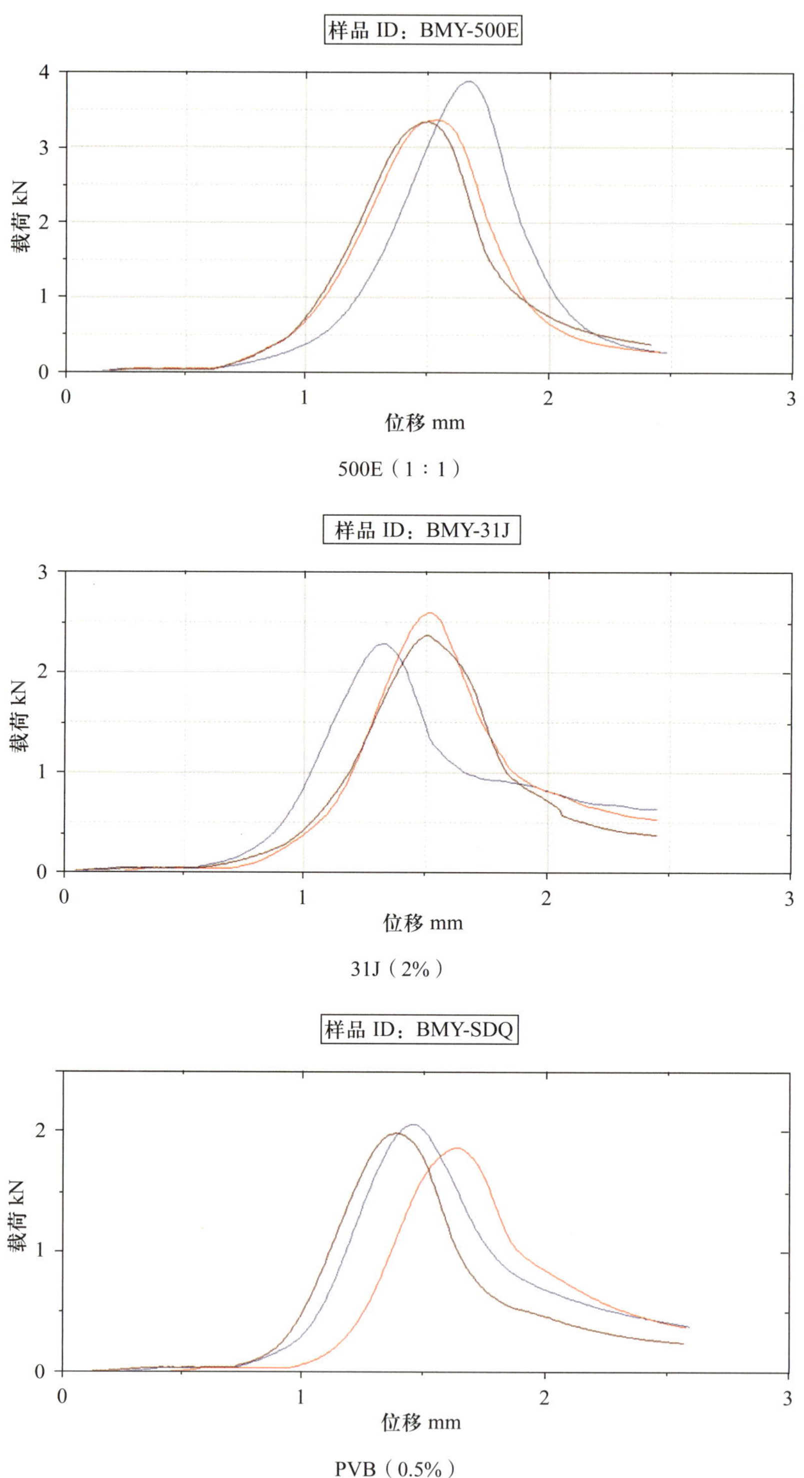

图5-7 加固材料处理四个遗址红烧土样品固化后抗压实验载荷-位移图

5.2.5 抗钻强度

通过抗钻实验，一方面可以检验红烧土样品加固保护材料固化后的强度变化，对抗压强度实验进行补充，另一方面可以检验加固保护材料在样品内部的分布状况。实验结果见图5-8。

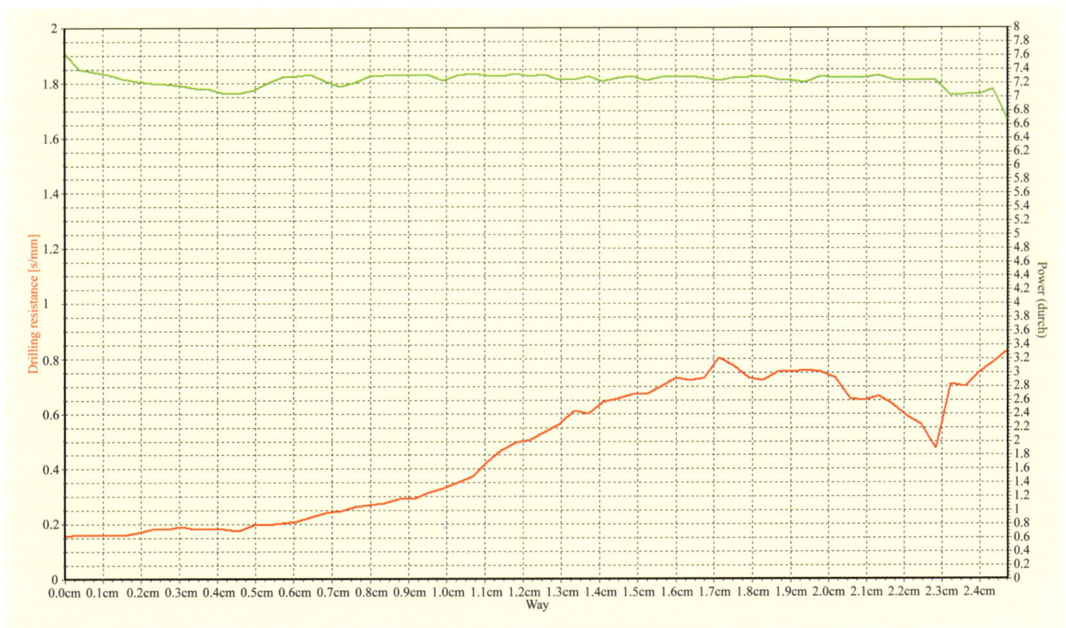

大河村遗址600℃红烧土空白样品

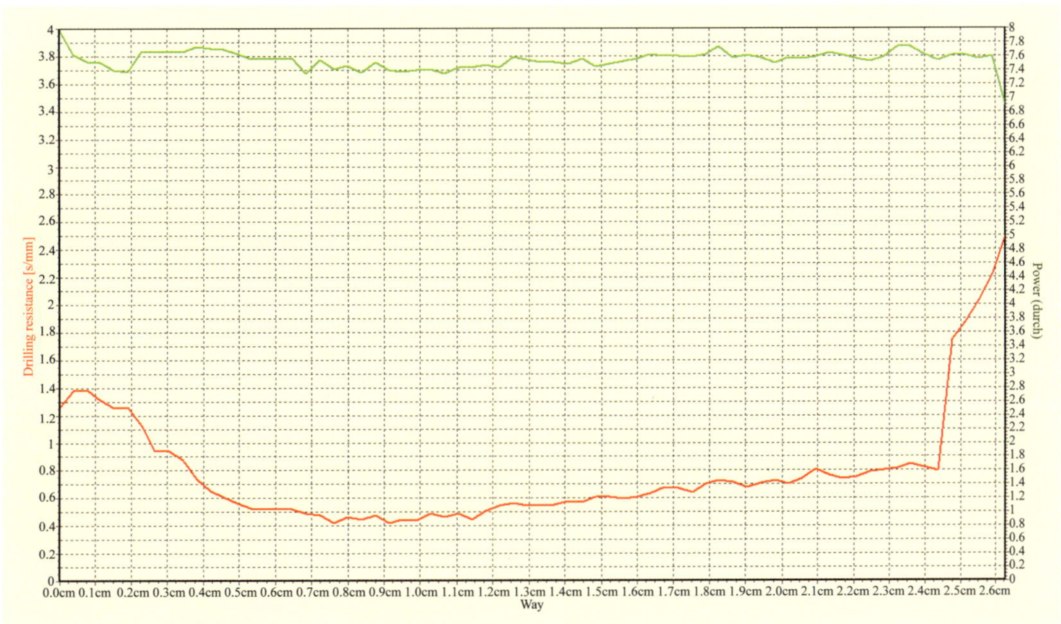

大河村遗址600℃红烧土500E样品

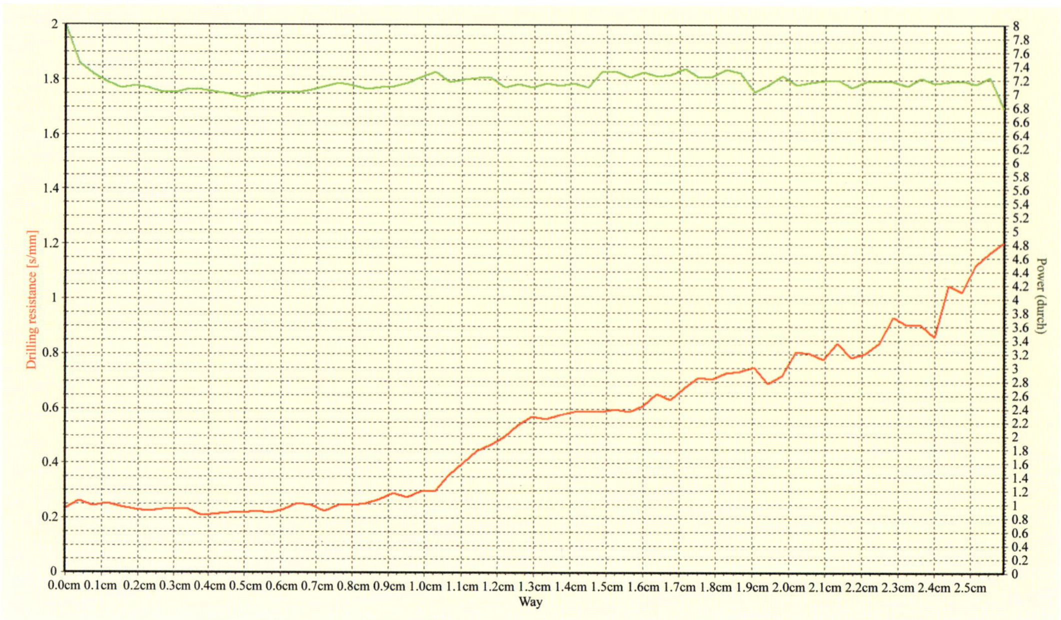

大河村遗址600℃红烧土31J样品

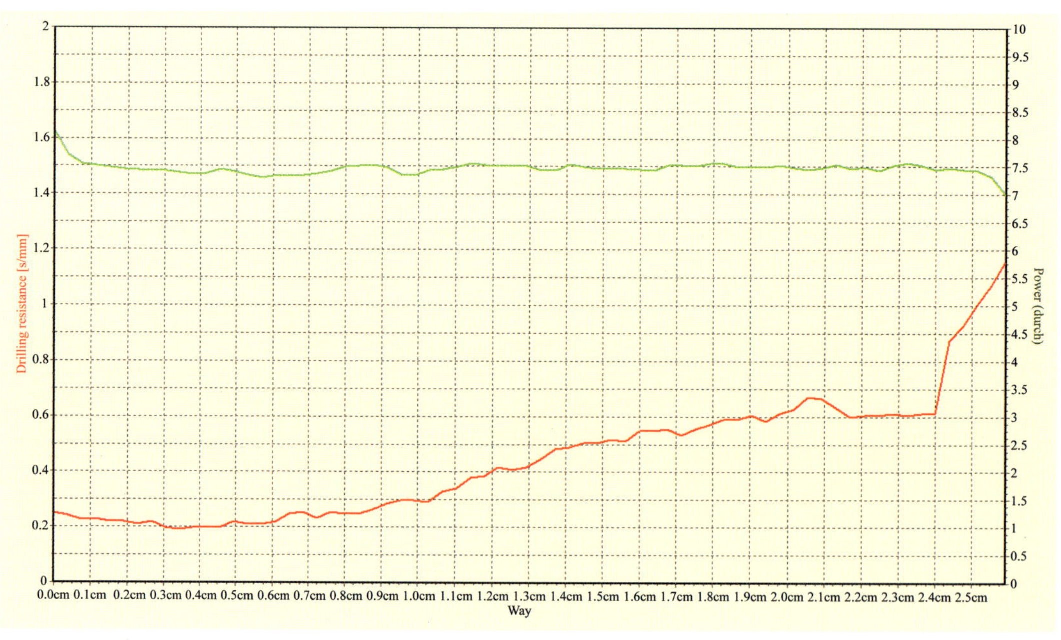

大河村遗址600℃红烧土PVB样品

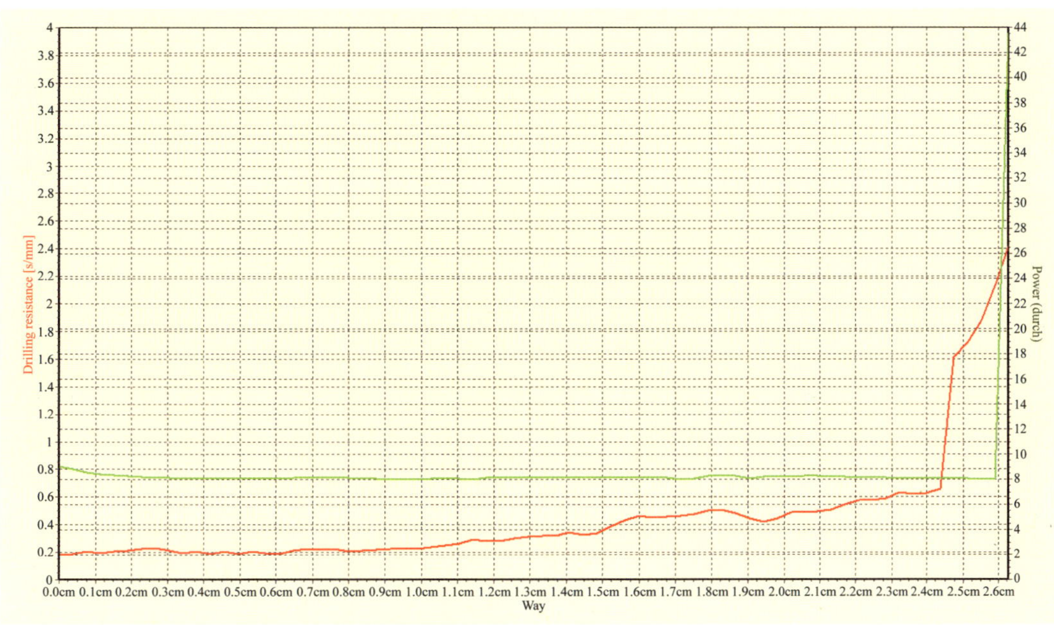

大河村遗址900℃红烧土空白样品

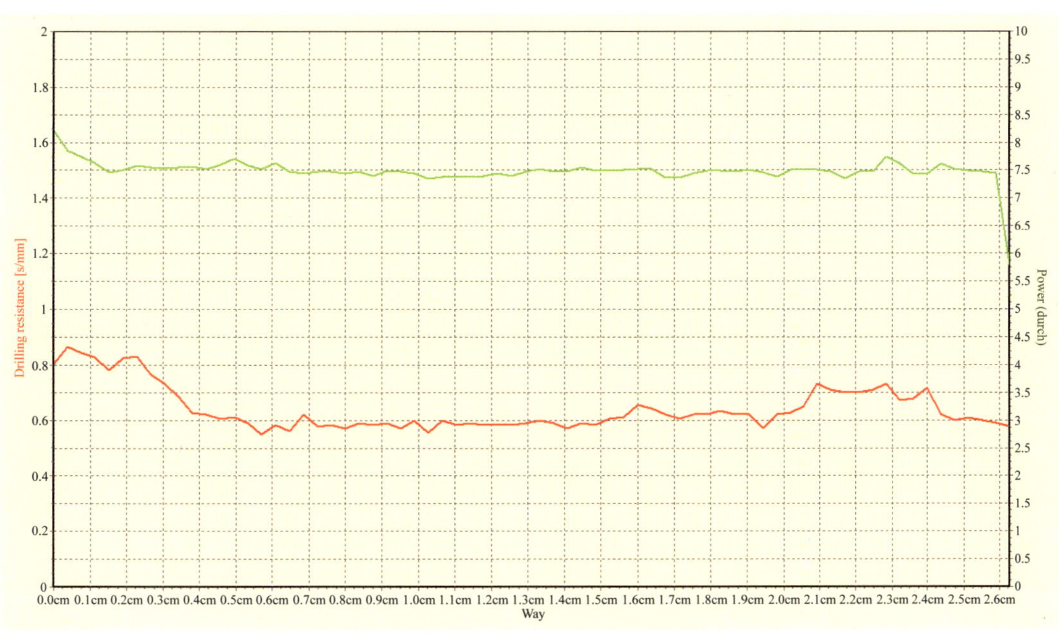

大河村遗址900℃红烧土500E样品

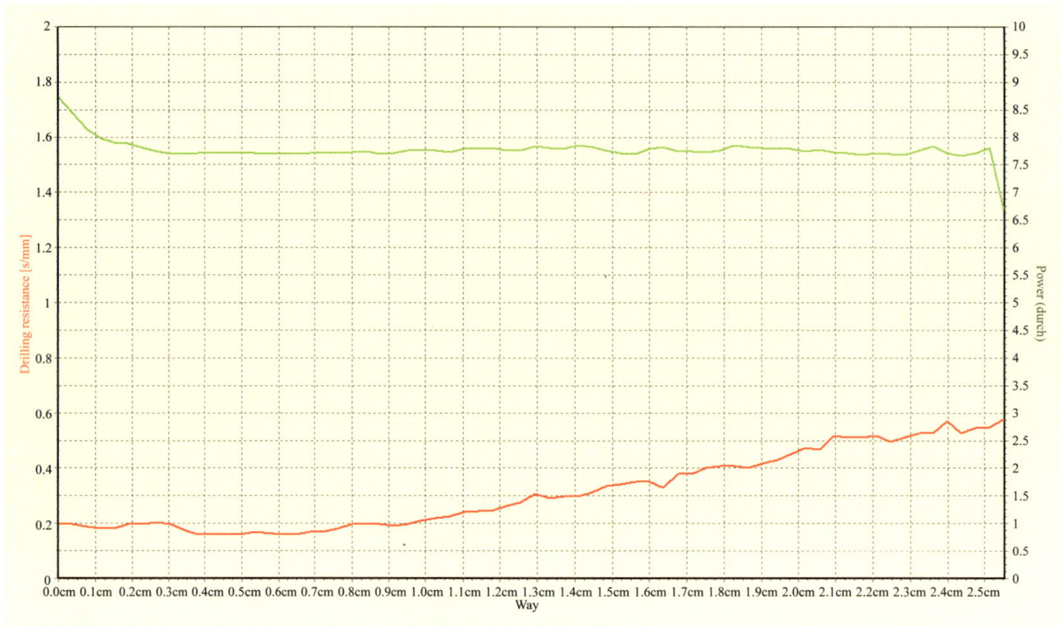

大河村遗址900℃红烧土31J样品

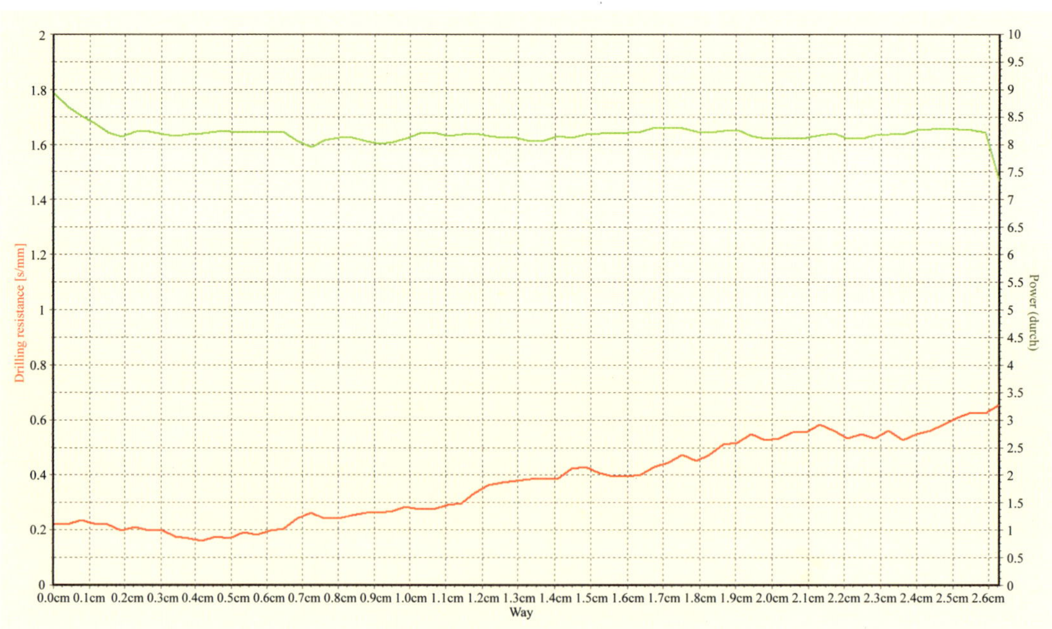

大河村遗址900℃红烧土PVB样品

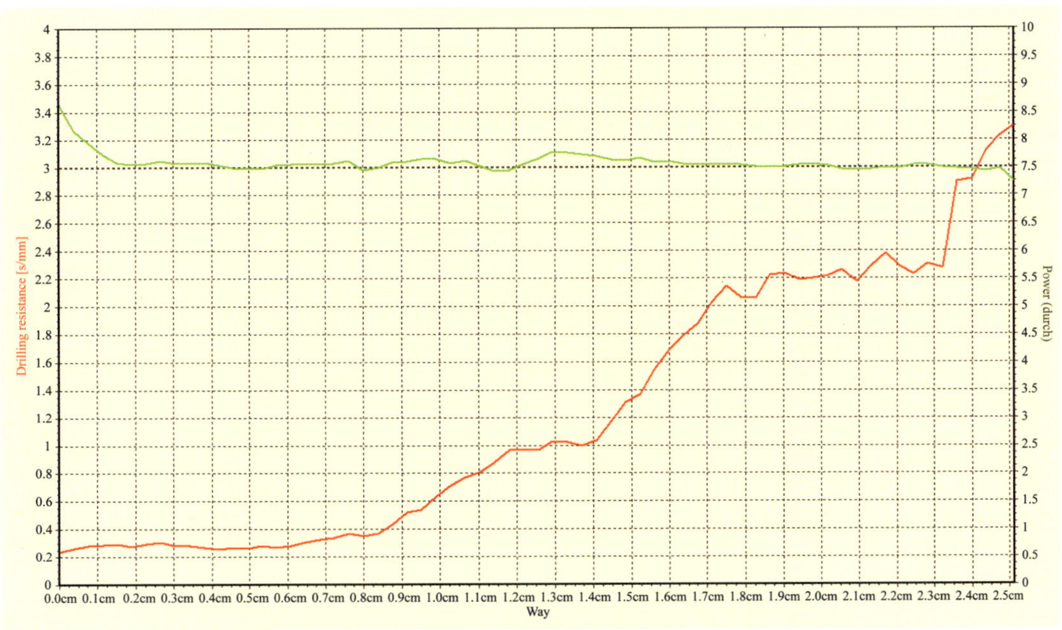

钧窑遗址红烧土空白样品

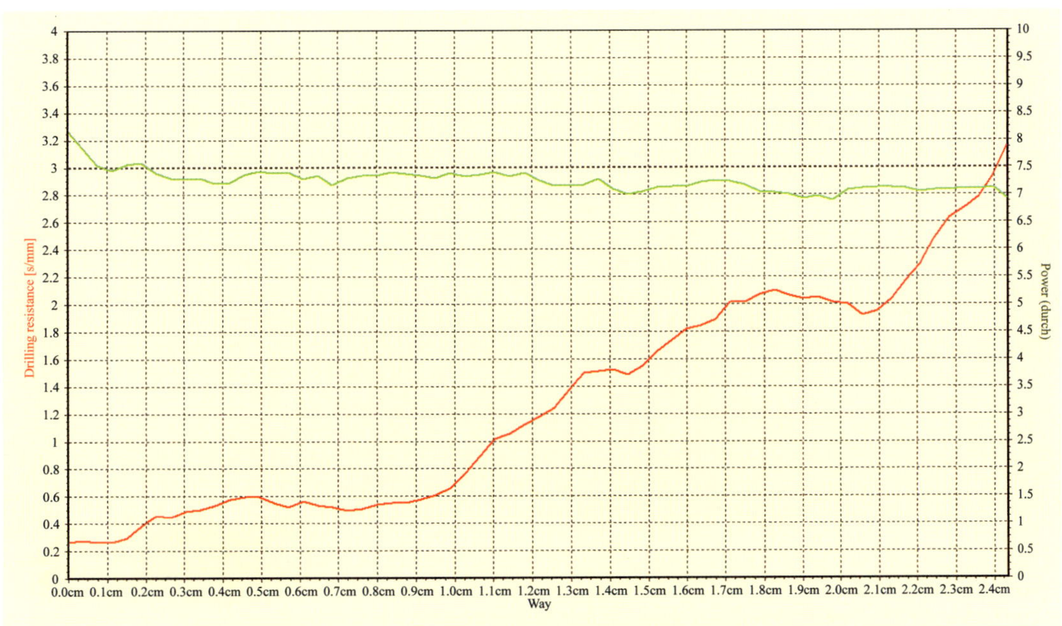

钧窑遗址红烧土 500E 样品

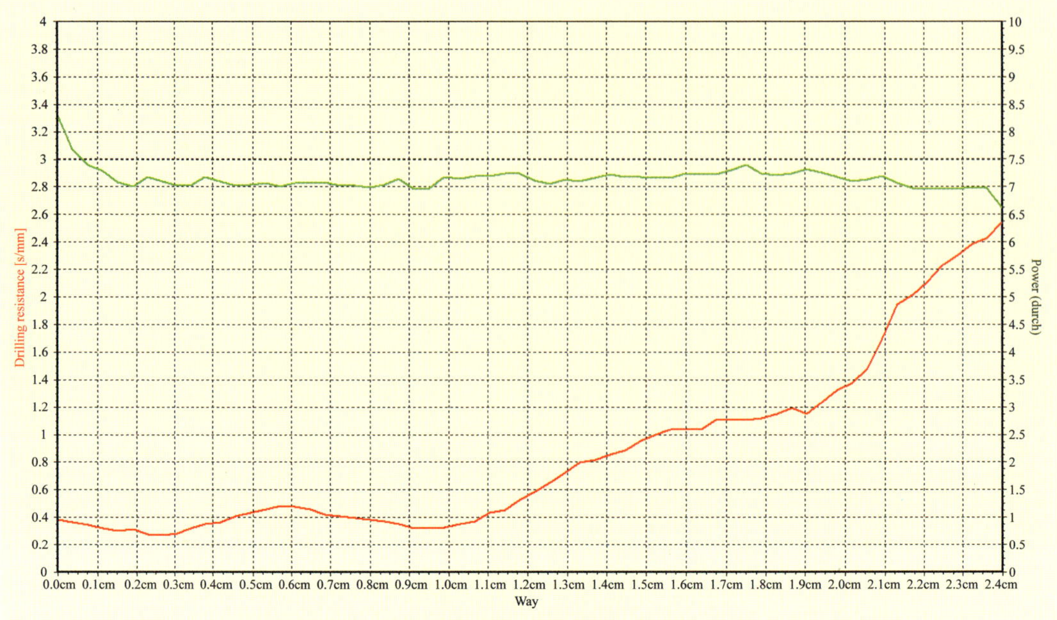

钧窑遗址红烧土31J样品

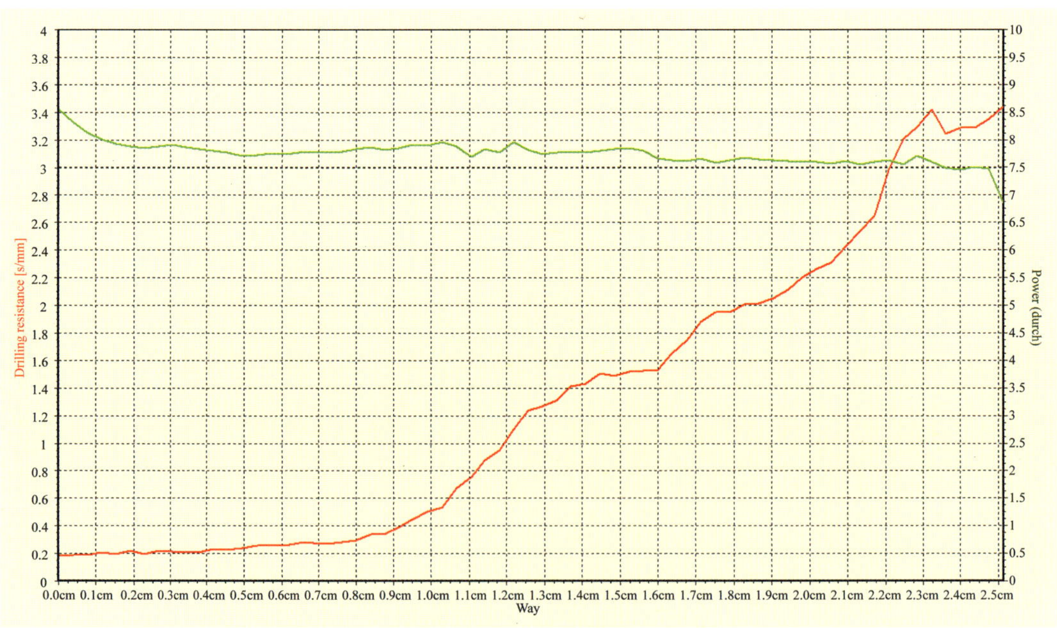

钧窑遗址红烧土PVB样品

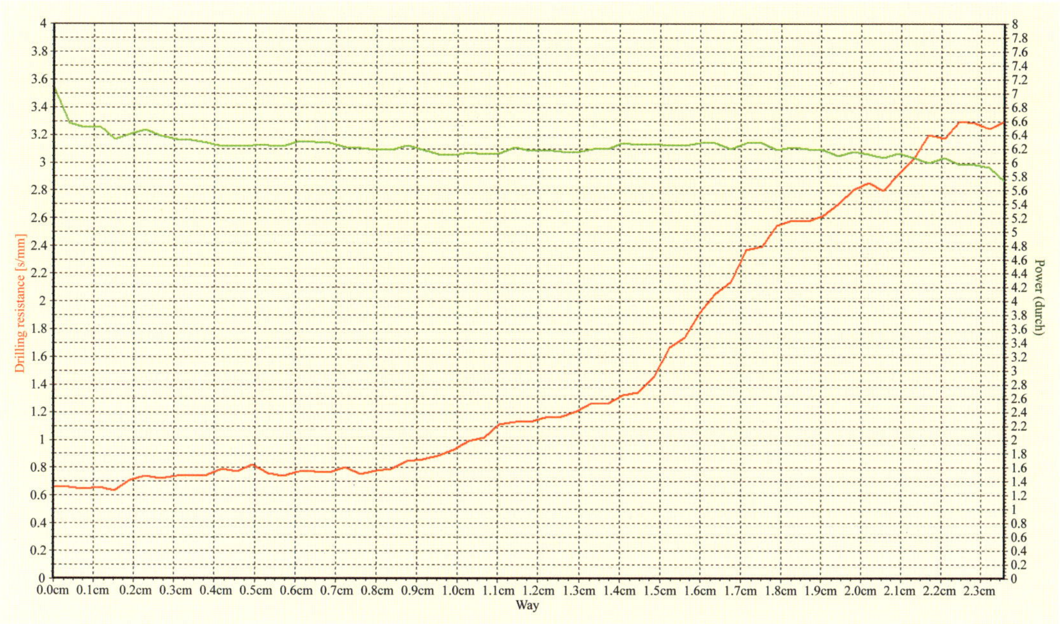

牛河梁遗址400℃红烧土空白样品

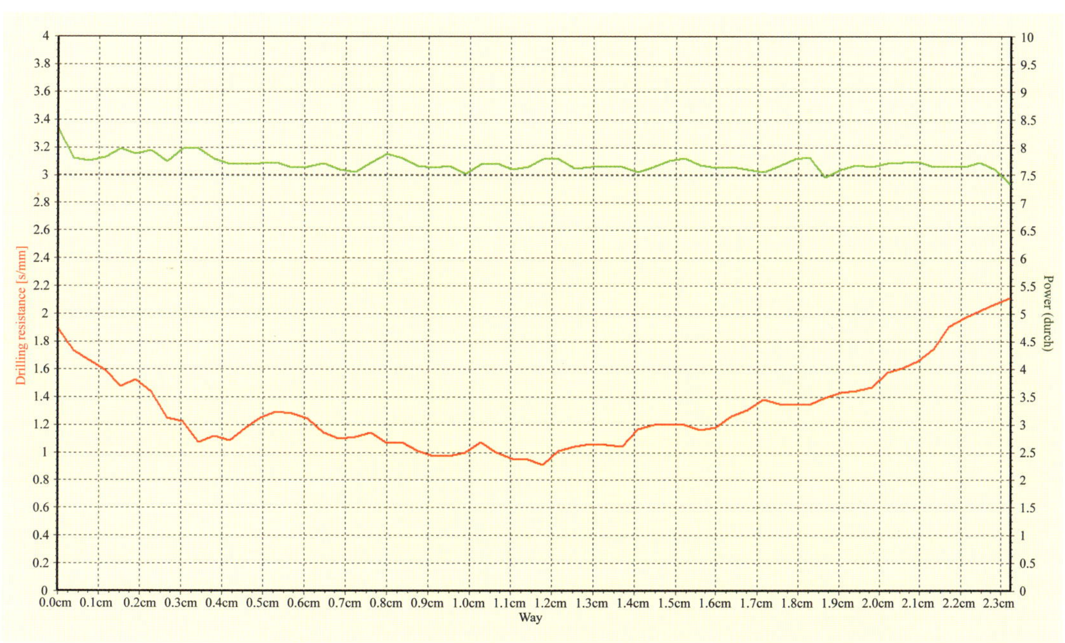

牛河梁遗址400℃红烧土500E样品

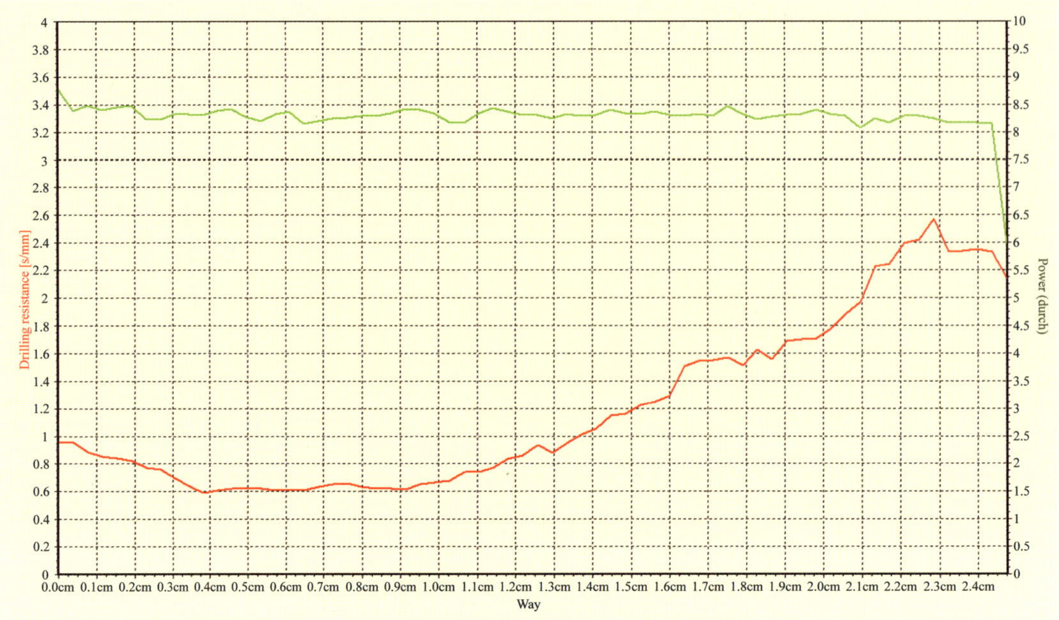

牛河梁遗址400℃红烧土31J样品

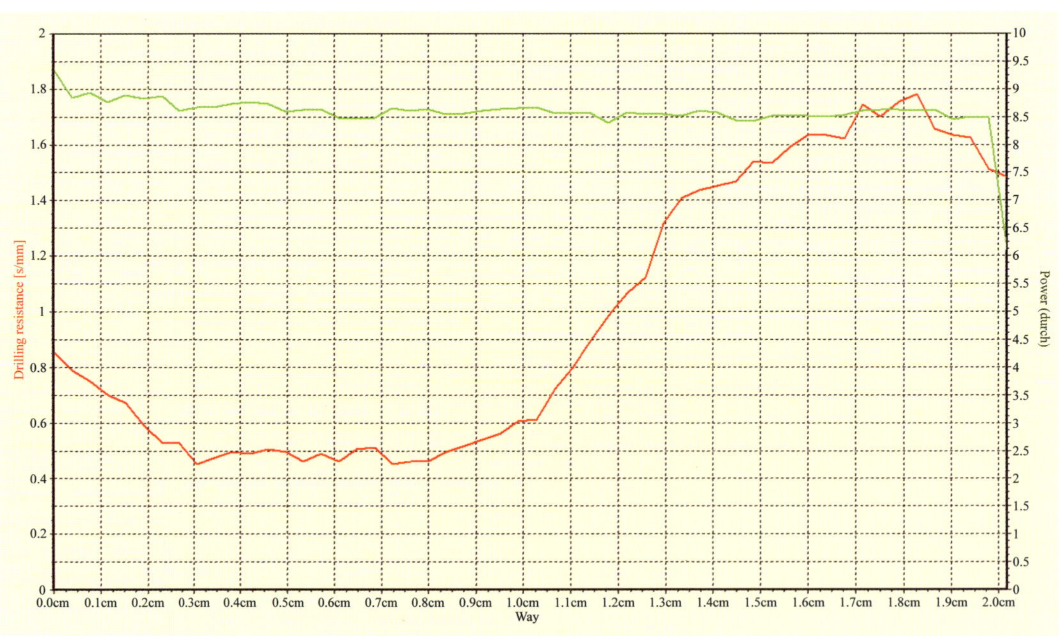

牛河梁遗址400℃红烧土PVB样品

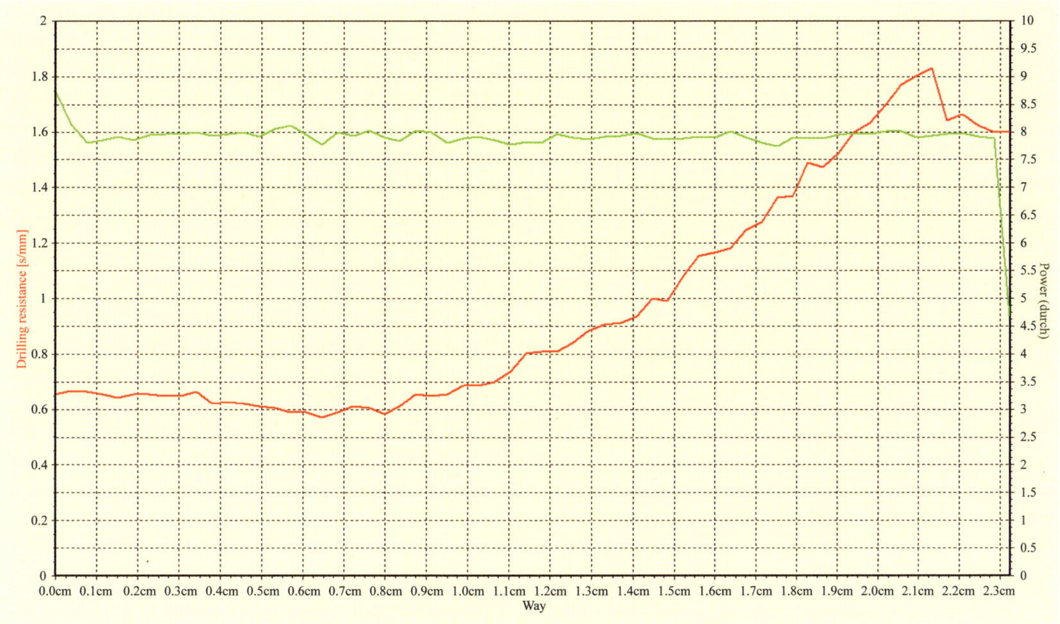

牛河梁遗址600℃红烧土空白样品

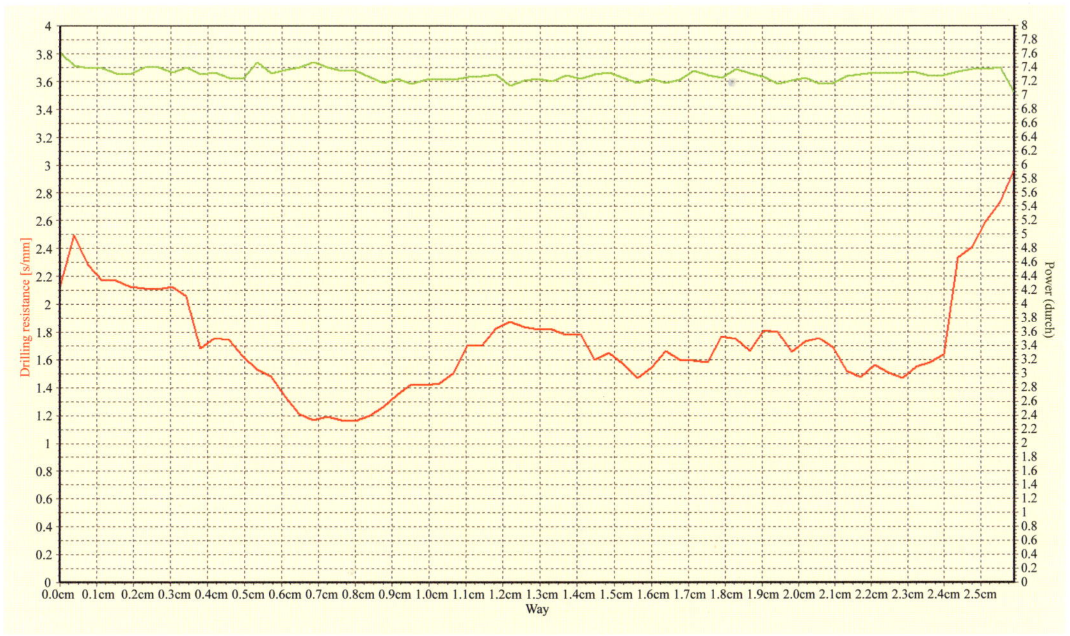

牛河梁遗址600℃红烧土500E样品

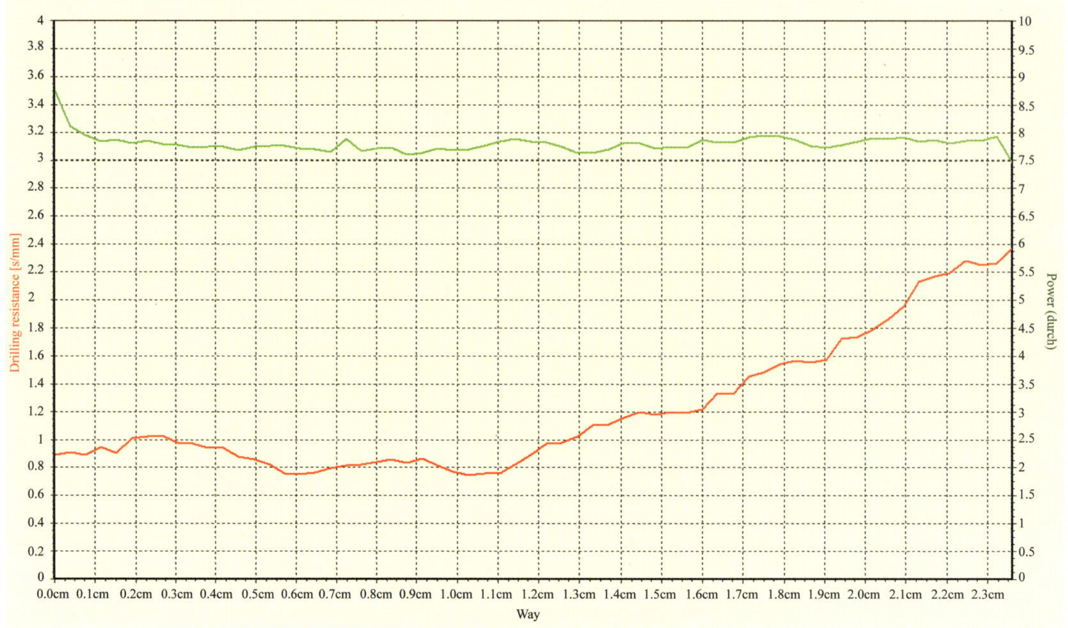

牛河梁遗址600℃红烧土31J样品

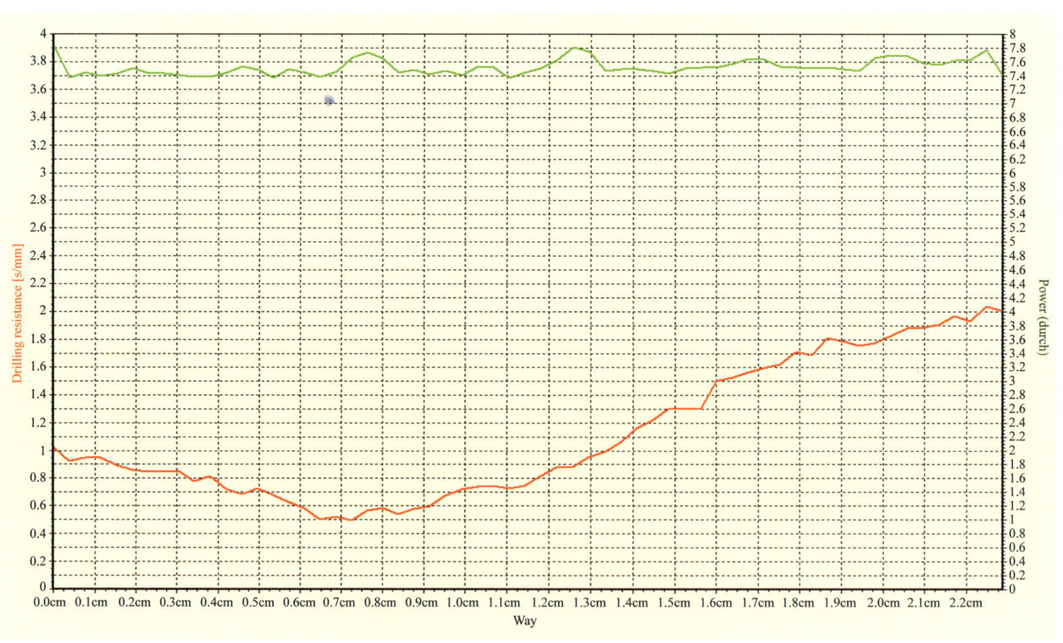

牛河梁遗址600℃红烧土PVB样品

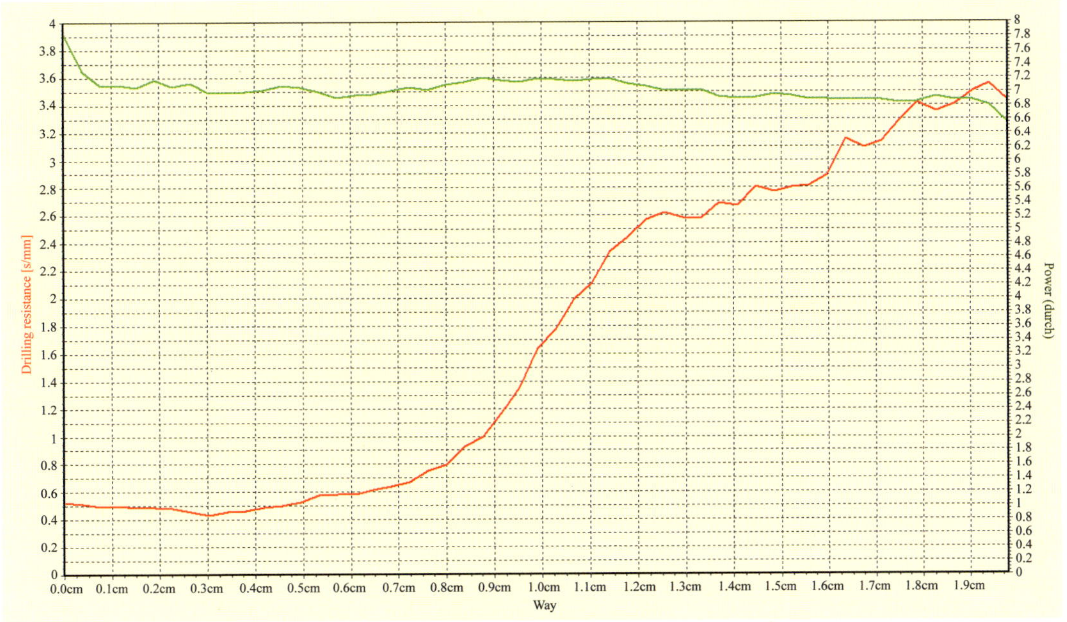

兵马俑遗址红烧土空白样品

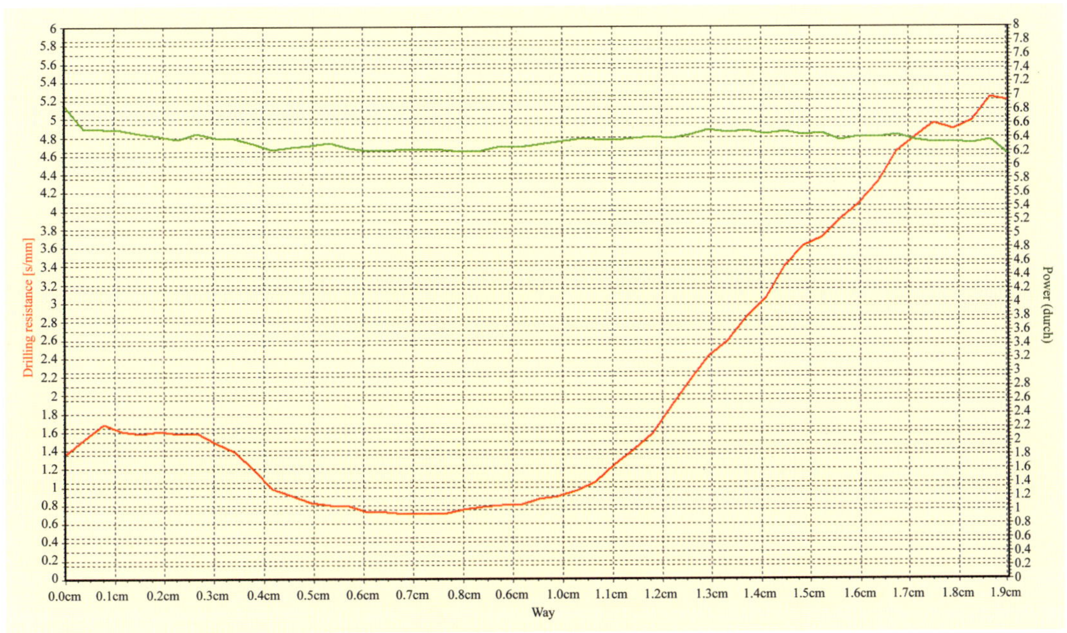

兵马俑遗址红烧土 500E 样品

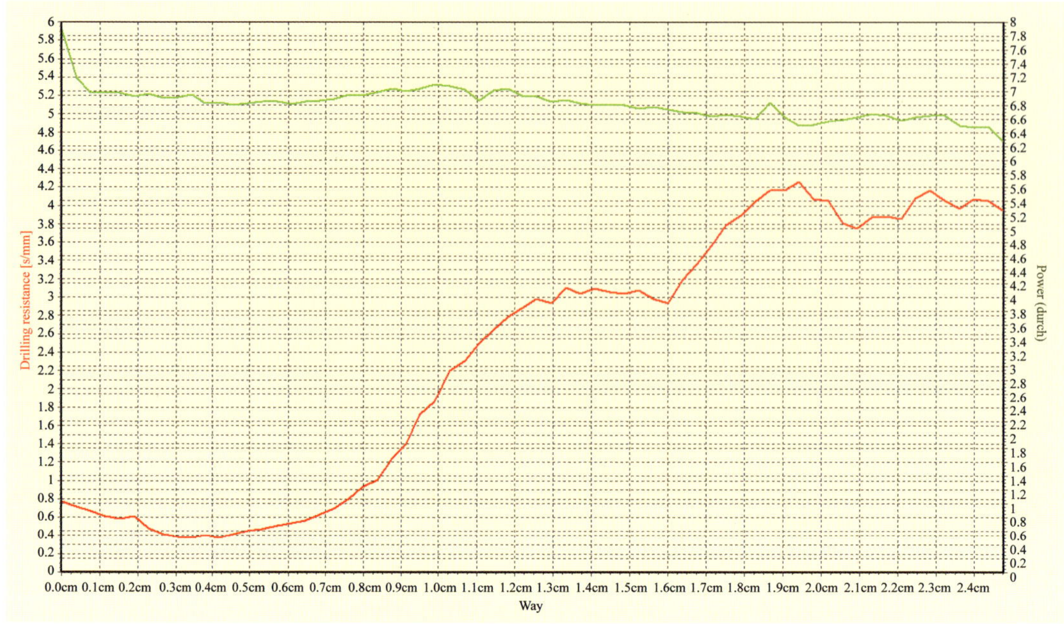

兵马俑遗址红烧土31J样品

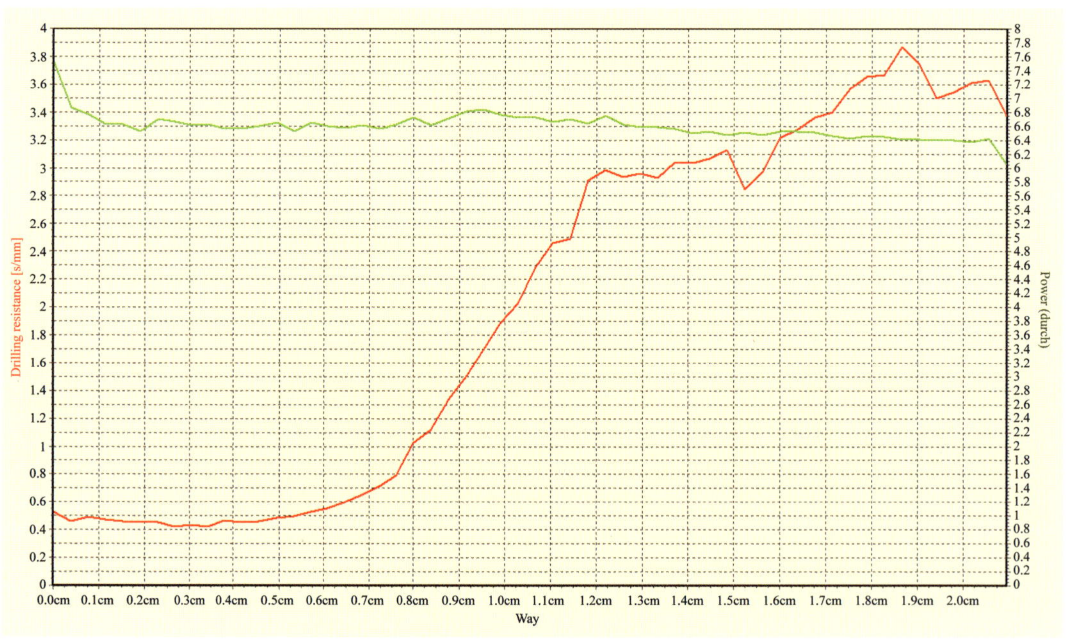

兵马俑遗址红烧土PVB样品

图5-8　四个遗址红烧土样品抗钻实验图

从图5-8可以看出，四个遗址的500E样品都有厚度在4mm左右的硬壳，尤其以牛河梁遗址的红烧土样品表现得最为明显，这是因为500E样品在固化过程中会出现轻微的表面富集现象。

3种材料在兵马俑遗址红烧土样品中都有表面富集现象，这说明材料没有渗透到样品内部。从抗钻强度看，500E材料加固后的样品强度最大，其次是31J和PVB。

5.2.6 耐水能力

将抗压实验后残块放在充满水的水槽中，确保样品被水完全淹没。从左到右依次是大河村遗址600℃样品，大河村遗址900℃样品，牛河梁遗址400℃样品，牛河梁遗址600℃样品，钧窑遗址样品，兵马俑遗址样品。从上到下依次是0.5%的PVB样品，2%的31J样品，1∶1的500E样品和空白样品。实验结果见图5-9和图5-10。

图5-9 耐水实验前

图5-10 耐水实验24小时后

由实验结果可以看出，经500E和31J材料处理的土样耐水性较好，且在样品内部分布相对均匀。经31J材料加固的兵马俑遗址红烧土样品，由于样品密度较大，渗透性差，材料没能渗透到样品内部，使得样品的耐水性较差。PVB材料只在牛河梁样品加固中具有耐水性，与其渗透性有关。

5.2.7 耐冻融能力

冻融实验前首先对样品进行称重和拍照，以记录样品冻融之前的状况，然后将样品分别放在盛水的盒子中，在室温下浸泡24小时，以确保样品饱水。冻融实验开始时将盒子中的水吸出后放入温度为−25℃的冰箱中冷冻4个小时，取出盒子向其内充满水，在室温下浸泡4个小时，此为一个循环。每个循环结束后进行拍照和样品状况描述，实验过程中样品变化状况见图5-11，样品状况描述见表5-26至表5-30。

大河村遗址600℃红烧土加盐样品冻融实验

样品1：空白

实验前

1个循环后

样品2：500E（1：1）

实验前

1个循环后

2个循环后

3个循环后

4个循环后

5个循环后

6个循环后

样品3：31J（2%）

实验前

1个循环后

2个循环后

3个循环后

4个循环后

5个循环后

6个循环后

样品4：PVB（0.5%）

实验前

1个循环后

2个循环后

3个循环后

4个循环后

5个循环后

6个循环后

大河村遗址900℃红烧土粉末重塑样品冻融实验

样品1：空白

实验前

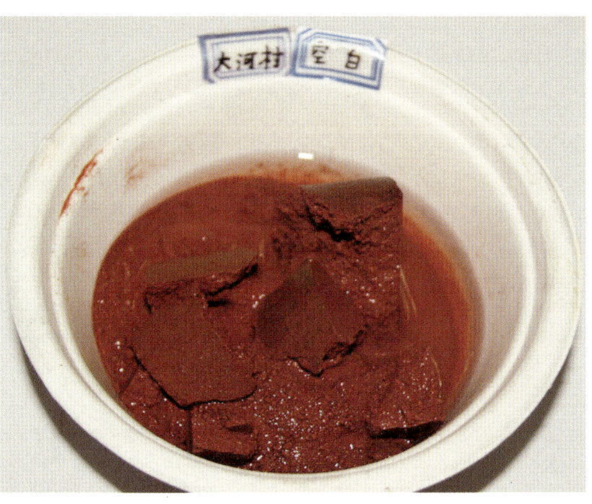

1个循环后

样品2：500E（1：1）

实验前

1个循环后

2个循环后

3个循环后

4个循环后

5个循环后

6个循环后

7个循环后

8个循环后

样品3：31J（2%）

实验前

1个循环后

2个循环后

3个循环后

4个循环后

5个循环后

6个循环后

7个循环后

8个循环后

样品4：PVB（0.5%）

实验前　　　　1个循环后

钧窑遗址600℃红烧土样品冻融实验

样品1：空白

实验前　　　　1个循环后

样品2：500E（1∶1）

实验前　　　　1个循环后

2个循环后

3个循环后

4个循环后

5个循环后

6个循环后

7个循环后

8个循环后

样品3：31J（2%）

实验前

1个循环后

2个循环后

3个循环后

4个循环后

5个循环后

6个循环后

7个循环后

8个循环后

样品4：PVB（0.5%）

实验前

1个循环后

2个循环后

3个循环后

4个循环后

5个循环后

6个循环后

7个循环后

8个循环后

牛河梁遗址400℃红烧土样品冻融实验

样品1：空白

实验前

1个循环后

样品2：500E（1：1）

实验前

1个循环后

2个循环后

3个循环后

4个循环后

5个循环后

6个循环后

7个循环后

样品3：31J（2%）

实验前

1个循环后

2个循环后

3个循环后

4个循环后

5个循环后

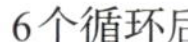
6个循环后

7个循环后

样品4：PVB（0.5%）

实验前

1个循环后

2个循环后

3个循环后

4个循环后

5个循环后

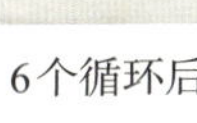

6个循环后

7个循环后

牛河梁遗址600℃红烧土样品冻融实验

样品1：空白

实验前

1个循环后

2个循环后

3个循环后

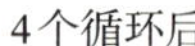

4个循环后

5个循环后

6个循环后

7个循环后

8个循环后

样品2：500E（1∶1）

实验前

1个循环后

2个循环后

3个循环后

4个循环后

5个循环后

6个循环后

7个循环后

8个循环后

样品3：31J（2%）

实验前

1个循环后

2个循环后

3个循环后

4个循环后

5个循环后

6个循环后

7个循环后

8个循环后

样品4：PVB（0.5%）

实验前

1个循环后

2个循环后

3个循环后

4个循环后

5个循环后

6个循环后

7个循环后

8个循环后

图5-11　加固材料处理四个遗址红烧土样品固化后冻融实验图

表5-26　大河村遗址600℃红烧土样品冻融实验

循环次数	样品状况			
	空白	500E	31J	PVB
1	完全粉碎	出现粉末状碎屑	无明显变化	下部出现破洞
2		粉末状碎屑增加	中部出现鼓泡	破洞内部粉碎
3		粉末状碎屑继续增加	鼓泡增大，出现裂隙	破洞面积增大
4		粉末状碎屑增加	鼓泡破裂，裂隙增大	出现明显空壳
5		粉末状碎屑增加	破碎面积增大	内部粉碎增大
6		粉末状碎屑大量增加	样品崩裂	样品完全破坏

表 5-27　大河村遗址 900℃红烧土样品冻融实验

循环次数	样品状况			
	空白	500E	31J	PVB
1	完全粉碎	出现粉末状碎屑	中部出现环形裂隙	中部断裂并出现空壳
2		粉末状碎屑增加	下部出现环形裂隙	
3		粉末状碎屑增加	下部绕环形裂隙脱落	
4		粉末状碎屑增加	中部裂隙扩大	
5		粉末状碎屑增加	绕中部裂隙出现空壳	
6		粉末状碎屑增加	空壳内部粉碎	
7		粉末状碎屑增加	内部粉碎增大	
8		粉末状碎屑增加	内部严重粉碎	

表 5-28　钧窑遗址 600℃红烧土样品冻融实验

循环次数	样品状况			
	空白	500E	31J	PVB
1	完全粉碎	无明显变化	无明显变化	无明显变化
2		出现少量粉末状碎屑	无明显变化	中部出现一条裂隙
3		粉末状碎屑增加	无明显变化	中部裂隙增多
4		粉末状碎屑增加	无明显变化	中部裂隙处鼓泡
5		粉末状碎屑增加	中部出现细小裂隙	中部裂隙增大并酥粉
6		粉末状碎屑增加	中部鼓泡并出现裂隙	酥粉增多
7		粉末状碎屑增加	中部裂隙增大	裂隙扩大
8		粉末状碎屑增加	中部炸裂并酥粉	从裂隙处断开

表 5-29　牛河梁遗址 400℃红烧土样品冻融实验

循环次数	样品状况			
	空白	500E	31J	PVB
1	完全粉碎	无明显变化	无明显变化	中下部出现凹坑
2		出现少量碎屑	无明显变化	凹坑增大
3		碎屑增加	无明显变化	凹坑增大，内部粉碎
4		碎屑增加	无明显变化	凹坑出现断裂
5		碎屑增加	无明显变化	断裂处粉碎严重
6		碎屑明显增加	无明显变化	
7		碎屑大量增加	出现少量碎屑	

表 5-30　牛河梁遗址 600℃红烧土样品冻融实验

循环次数	样品状况			
	空白	500E	31J	PVB
1	出现少量粉末状碎屑	无明显变化	无明显变化	无明显变化
2	粉末状碎屑增加	无明显变化	无明显变化	无明显变化
3	粉末状碎屑增加	出现少量粉末状碎屑	无明显变化	无明显变化
4	中部出现酥粉	粉末状碎屑增加	无明显变化	无明显变化
5	酥粉处面积增大	粉末状碎屑增加	无明显变化	无明显变化
6	酥粉处出现凹坑	粉末状碎屑增加	无明显变化	无明显变化
7	凹坑增大	粉末状碎屑增加	无明显变化	出现少量碎屑
8	凹坑处酥粉严重	粉末状碎屑大量增加	出现少量碎屑	碎屑略微增加

样品冻融实验前后的质量变化是定量描述冻融实验对样品破坏的有效办法，将冻融实验后的样品放烘箱中彻底干燥，称取没有被完全破坏块状样品的重量，列于表 5-31。

表 5-31　四个遗址红烧土样品冻融实验前后重量变化值

样品	材料	实验前（g）	实验后（g）	质量变化（g）	质量损失率（%）
大河村遗址 600℃	空白	142.06	0	−142.06	100
	500E	153.69	148.71	−4.98	3
	31J	145.23	133.49	−11.74	8
	PVB	143.86	75.41	−68.45	48
大河村遗址 900℃	空白	139.28	0	−139.28	100
	500E	148.71	145.87	−2.84	2
	31J	140.19	64.10	−76.09	54
	PVB	139.77	67.24	−72.53	52
钧窑遗址 600℃	空白	131.27	0	−131.27	100
	500E	143.26	136.75	−6.51	5
	31J	132.69	123.53	−9.16	7
	PVB	132.04	42.57	−89.47	68
牛河梁遗址 400℃	空白	138.91	0	−138.91	100
	500E	149.17	144.82	−4.35	3
	31J	139.60	139.10	−0.5	0.4
	PVB	139.18	88.19	−50.99	37
牛河梁遗址 600℃	空白	134.49	115.08	−19.41	14
	500E	146.66	140.85	−5.81	4
	31J	136.59	136.58	−0.01	0.01
	PVB	136.50	136.45	−0.05	0.04
兵马俑遗址	空白	146.62	0	−146.62	100
	500E	155.30	37.42	−117.88	76
	31J	146.75	0	−146.75	100
	PVB	146.79	0	−146.79	100

从冻融实验的结果可以看出，空白样品除了牛河梁遗址600℃条件下焙烧的样品外，耐冻融能力都极差。

500E材料加固的样品在冻融实验过程中具有相对较好的耐冻融能力，样品破坏轻微，大多出现粉末状脱落，可以应用于北方地区易出现冻融破坏现象的遗址中。

31J材料在牛河梁样品上表现良好，在其他几个遗址的样品上多以鼓泡开裂的形式被破坏。

PVB材料除了在牛河梁600℃样品上表现良好外，其他几个遗址的样品多以空壳形式出现严重破坏。

从冻融实验数据还可以看出，东北地区较高温度烧制的红烧土耐冻融能力较强，例如牛河梁遗址600℃空白样品，八个冻融循环后质量损失仅为14%，并且样品整体保存状况良好，没有出现垮塌、崩裂等现象。

实验表明：同种材料加固不同遗址的红烧土样品耐冻融能力是不同的，对于相同遗址的红烧土样品，加固材料不同，耐冻融能力更是有着明显的强弱差别，这说明加固材料滴加在样品内固化后，材料与样品成为一个有机结合的整体，它们之间具有双向选择性。

5.2.8 耐盐能力

1. 实验方法一

用5%的硫酸钠溶液和细砂混合搅拌均匀，待细砂吸水饱和后平铺在水槽底部，把加固处理后的红烧土样品放在平整的细砂表面上，样品下底面稍许陷入砂子。每隔24小时记录试样的变化状况，如开裂、脱落、崩解等情况及发生时间，检验红烧土样品经过加固保护处理后在可溶盐结晶破坏作用下的稳定性。

经过144小时的耐盐实验，待盐结晶生长完成后，记录分析实验现象和结果，耐盐实验过程中样品的变化状况见图5-12，样品变化状况描述见表5-32至表5-36。

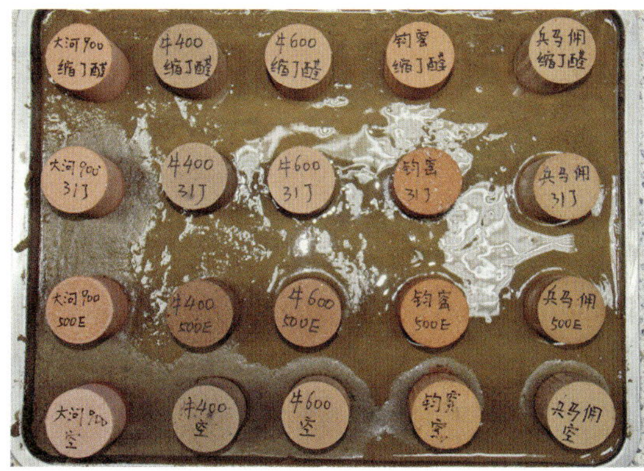

实验前

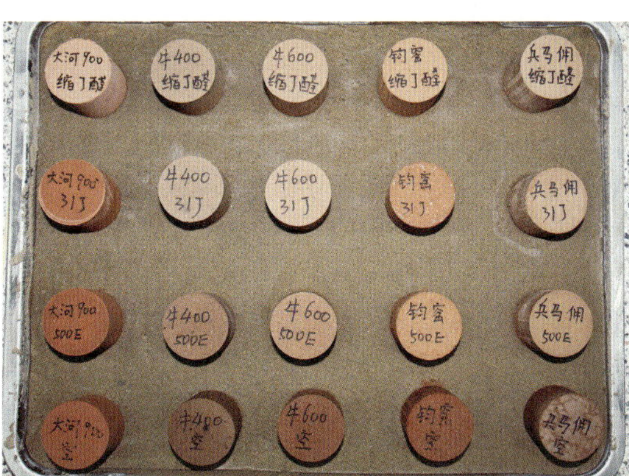

24小时后

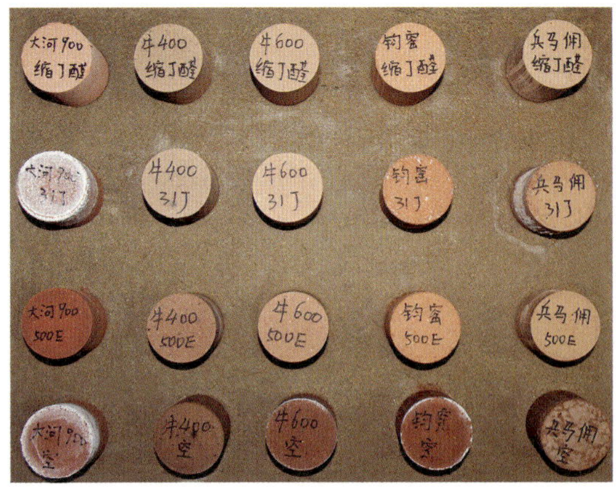

48小时后

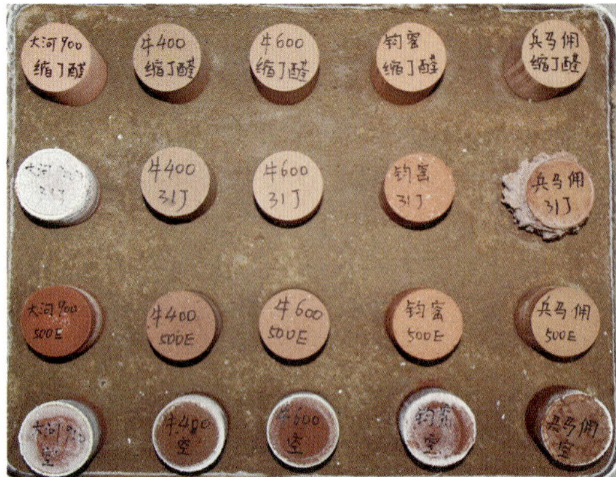

72小时后

96小时后

120小时后

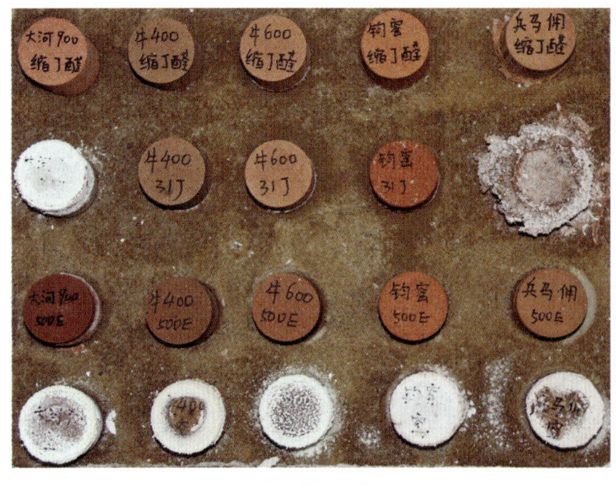

144小时后

半个月后

图5-12　加固材料处理四个遗址红烧土样品固化后耐盐实验图

表 5-32　大河村遗址 900℃红烧土样品耐盐实验

实验时间（h）	样品状况			
	空白	500E	31J	PVB
24	完全润湿	完全润湿	侧面上部出现盐结晶	无明显变化
48	表面布满盐结晶	侧面中部出现盐结晶	表面布满盐结晶	无明显变化
72	表面盐结晶增多	盐结晶增多	盐结晶增多	无明显变化
96	盐结晶布满样品表面	盐结晶大量增加	盐结晶大量增加	无明显变化
120	土柱表面酥粉脱落	侧面盐结晶脱落	侧面盐结晶脱落	无明显变化
144	酥粉脱落严重	土柱侧面酥粉脱落	土柱侧面酥粉脱落	无明显变化

表 5-33　钧窑遗址 600℃红烧土样品耐盐实验

实验时间（h）	样品状况			
	空白	500E	31J	PVB
24	完全润湿	完全润湿	无明显变化	无明显变化
48	侧面上部出现盐结晶	无明显变化	无明显变化	无明显变化
72	表面盐结晶增多	无明显变化	侧面下部出现少量盐结晶	无明显变化
96	表面布满盐结晶	无明显变化	盐结晶增加	无明显变化
120	土柱表面酥粉脱落	无明显变化	无明显变化	无明显变化
144	酥粉脱落严重	无明显变化	盐结晶增多	无明显变化

表 5-34　牛河梁遗址 400℃红烧土样品耐盐实验

实验时间（h）	样品状况			
	空白	500E	31J	PVB
24	完全润湿	完全润湿	无明显变化	无明显变化
48	侧面上部出现盐结晶	侧面变白	无明显变化	无明显变化
72	盐结晶大量增多	侧面出现盐结晶	无明显变化	无明显变化
96	表面布满盐结晶	盐结晶增多	无明显变化	无明显变化
120	土柱表面酥粉脱落	无明显变化	底部出现极少盐结晶	底部出现极少盐结晶
144	酥粉脱落严重	无明显变化	无明显变化	无明显变化

表 5-35　牛河梁遗址 600℃红烧土样品耐盐实验

实验时间（h）	样品状况			
	空白	500E	31J	PVB
24	完全润湿	完全润湿	无明显变化	无明显变化
48	侧面上部出现盐结晶	无明显变化	无明显变化	无明显变化
72	盐结晶大量增加	无明显变化	无明显变化	无明显变化
96	表面布满盐结晶	无明显变化	侧面下部出现盐结晶	侧面下部出现盐结晶
120	土柱表面酥粉脱落	底部出现少量盐结晶	无明显变化	无明显变化
144	酥粉脱落严重	盐结晶增多	盐结晶增多	盐结晶增多

表 5-36　兵马俑遗址红烧土样品耐盐实验

实验时间（h）	样品状况			
	空白	500E	31J	PVB
24	完全润湿	无明显变化	无明显变化	无明显变化
48	上表面出现盐结晶	侧面出现盐结晶	侧面出现大量盐结晶	无明显变化
72	盐结晶增多	盐结晶增多	发胀，侧面酥碱脱落	无明显变化
96	表面布满盐结晶	盐结晶增多	表面严重脱落、酥粉	侧面底部开裂
120	表面鼓泡并酥粉脱落	盐结晶增多	爆炸状酥粉，样品破坏	开裂严重
144	酥粉脱落，鼓泡严重	盐结晶增多	样品严重破坏	开裂进一步扩大

可以看出，500E和PVB材料加固样品固化后耐盐析能力较强，31J材料在部分遗址的样品中稍弱。

PVB材料处理四个遗址后几乎没有盐分结晶析出现象，这可能是因为材料固化后在样品表面形成了一层致密的保护膜，使得水汽无法穿透。

500E材料固化后由于在样品表面聚集，一定程度上堵塞了样品的空隙，使得样品透气性较差。

31J材料加固样品在固化过程中随着丁酮分散剂的挥发，疏通了样品表面的空隙，并且固化后占据样品空隙较少，具有很好的透气性。使用31J材料加固样品时，如果渗透性较差，样品不能被完全渗透加固，就会出现加固后的样品比空白样品耐盐析能力还要差的现象，例如兵马俑遗址红烧土样品。

2. 实验方法二

图 5-13　样品在毛细吸水阶段

对于大河村遗址600℃温度下制备的红烧土样品，在滴加材料之前进行过加盐处理。在进行耐盐实验时，只需观察样品通过毛细作用吸水潮湿，然后因蒸发作用干燥这样一个干湿循环条件下的变化状况（图5-13）。

具体实验方法：在盘子中放入饱水的湿毛巾，把样品按照编号位置放在毛巾上，再将盘子放在空气相对湿度恒定在90%左右的密闭箱中，室温下保持4个小时，此为样品潮湿阶段。取出样品，按照编号位置放在另一个盘子内，然后将盘子放在恒温60℃的烘箱中干燥4个小时，此为一个干湿循环。实验中记录每个循环后样品状况，例如粉化、脱落、崩裂等，以此检验材料加固含盐样品后的耐盐破坏能力。实验过程中样品变化状况见图5-14，样品变化的描述见表5-37。

空白样品实验前

500E样品实验前

31J样品实验前

PVB样品实验前

刚放进时

毛细吸水饱和后

1个循环后

2个循环后

4个循环后

5个循环后

6个循环后

2个月后

图5-14　大河村遗址600℃红烧土样品耐盐实验图

表5-37　大河村遗址600℃红烧土样品耐盐实验

循环次数	样品状况			
	空白	500E	31J	PVB
1	土柱上部粉化脱落	无明显变化	无明显变化	无明显变化
2	土柱中上部粉化脱落	无明显变化	无明显变化	无明显变化
3	土柱整体粉化脱落	无明显变化	无明显变化	无明显变化
4	表层大量酥粉脱落	上表面褶皱凸起	外表布满盐结晶	上表面鼓泡凸起
5	表层严重破坏	上表面褶皱脱落	侧面下部粉化脱落	上表面鼓泡凸起严重
6	土柱基本酥粉破坏	上表面脱落严重	上表面鼓泡凸起	外表面鼓泡凸起严重

实验结果表明，500E材料加固含盐的红烧土样品固化后具有较强的耐盐析能力；PVB材料加固含盐红烧土样品固化后具有明显的成膜现象，透气透水性不佳，耐盐析能力很差；31J材料加固含盐红烧土样品具有一定的耐盐析能力，如果加大浓度或者多次加固可能会有更好的效果。

3. 31J材料加固红烧土样品耐盐实验的补充

在耐盐实验过程中发现，用浓度为2%的31J材料加固大河村遗址900℃风化样品和钧窑遗址红烧土样品，固化后耐盐破坏能力不佳，但样品具有很好的透水透气性。为了提高样品的耐盐破坏能力，同时又不改变样品的透气透水性，使用浓度为2%的31J材料，两次加固含盐量较高的大河村遗址900℃风化样品和钧窑遗址红烧土样品，材料固化后对样品进行耐盐实验，实验方法与上述相同，实验结果见图5-15。

实验前

144小时后

图5-15　31J材料二次加固红烧土样品耐盐实验

从图5-15可以看出，使用浓度为2%的31J材料对两个含盐量较高的红烧土遗址样品进行二次加固后，耐可溶盐破坏能力明显提高，并且样品仍然具有很好的透气透水性。

5.2.9　材料分布实验

材料分布实验是为了观察材料固化后在样品内分布是否均匀。实验材料为抗压实验后的样品残块；实验方法是在残块上滴水，通过检验样品的拒水能力大致判断加固保护材料的分布情况。从左到右依次是空白样品、1∶1的500E样品、2%的31J样品和0.5%的PVB样品。从上到下依次是兵马俑遗址样品、钧窑遗址样品、牛河梁遗址600℃样品、牛河梁遗址400℃样品、大河村遗址900℃样品和大河村遗址600℃样品，实验结果见图5-16和图5-17。

通过滴水可以检验材料的分布状况，同时也可以检验材料固化后样品的拒水能力。拒水能力的强弱是衡量材料保护样品效果好坏的一个重要标准，尤其是处于潮湿环境中的红烧土遗址，例如大河村遗址、钧窑遗址等。从滴水实验前后的照片可以看出，

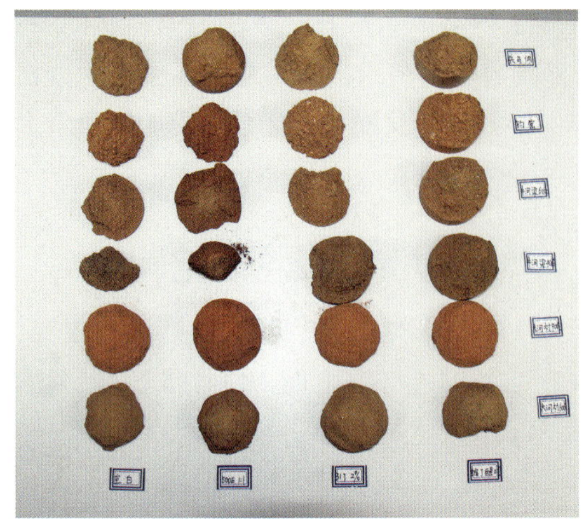

图5-16　滴水实验前照片

图5-17　滴水实验后照片

空白样品完全没有拒水能力。31J材料加固的样品具有明显的拒水性，固化后在样品内部分布比较均匀。500E和PVB材料只在部分样品中具有拒水性。这说明500E和PVB拒水能力较弱，并且材料固化后在样品内部分布不均匀，PVB材料效果尤其不佳，这可能与其分子量大、黏度高、渗透性差有关。

第三节　脱 盐 实 验

可溶盐在遗址表面形成的白色结晶覆盖了遗址的考古文化信息，严重破坏了遗址景观，因此对于表面由于可溶盐结晶而泛白的红烧土遗址（例如大河村遗址和钧窑遗址），在加固保护处理后进行脱盐具有必要性和可行性。文物脱盐的一般方法有液体浸泡法和纸浆贴附法两种，前者多适用于体积较小的可移动文物，本实验采用后者。

5.3.1　材料与实验方法

1. 材料

维达北方纸业（北京）有限公司生产的纯木浆卷纸，去离子水。

2. 实验方法

将卷纸用去离子水浸泡4个小时，在此期间多次换水，待pH试纸检验浸泡后的去离子水成中性为止，然后用纸浆把样品包裹严实，放在通风橱内自然干燥。纸浆彻底干燥后剥去，此为一次脱盐。多次脱盐并记录脱盐后样品状况。

5.3.2 实验效果

本次脱盐实验以大河村600℃加盐样品为实验对象，其中空白样品由于不具有耐水性，且表面非常酥松，无法进行实验。实验中检验了500E、31J和PVB这三种材料加固处理大河村遗址600℃加盐红烧土样品后的脱盐效果，见图5-18。

500E样品实验前

500E样品三次脱盐后

31J样品实验前

31J样品三次脱盐后

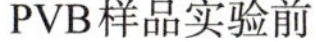

PVB样品实验前

PVB样品三次脱盐后

图5-18 大河村遗址600℃红烧土样品脱盐前后状况

从实验结果看，500E材料加固的样品脱盐效果最明显，31J样品侧面下部效果较好，PVB样品几乎没有效果。在实验中发现，500E材料处理样品固化后，用手轻轻触摸，会有细小颗粒滑落，这可能有利于可溶盐被纸浆吸附。PVB材料处理样品固化后在表面形成一层较为致密的膜，具有很好的隔水性能，在固化过程中可溶盐有可能被致密的薄膜包裹，因此该材料加固含盐样品后脱盐非常困难。

第四节　结论与讨论

5.4.1　结论

通过对材料的适应性选择和一系列效果检验，总结出对红烧土类文物加固保护材料的综合性能评价，见表5-38（“＋”表示效果好，“－”表示效果差）。

表5-38　加固保护材料处理四个遗址红烧土样品效果检验评价

样品	材料	评价项目								综合评价
		渗透能力	颜色变化	孔隙变化	耐盐能力	抗压强度	抗钻强度	加固效率	冻融实验	
大河村遗址600℃	500E	很好	明显	大	较好	好	好	低	很好	＋＋
	31J	很好	轻微	小	一般	中等	中等	较高	一般	＋
	PVB	差	轻微	小	较差	较低	较低	较高	很差	－
大河村遗址900℃	500E	很好	明显	大	很好	好	好	低	很好	＋＋
	31J	较好	轻微	小	较差	中等	中等	较高	较差	＋
	PVB	很差	轻微	小	一般	较低	较低	较高	很差	－
钧窑遗址600℃	500E	很好	明显	大	很好	好	好	低	很好	＋＋
	31J	很好	轻微	小	较差	中等	中等	较高	很好	＋
	PVB	很差	轻微	小	很好	较低	较低	较高	较差	－
牛河梁遗址400℃	500E	较差	明显	大	很好	好	好	低	很好	＋
	31J	很好	轻微	小	很好	中等	中等	较高	很好	＋＋
	PVB	很差	轻微	小	很好	较低	较低	较高	较差	－
牛河梁遗址600℃	500E	较差	明显	大	很好	好	好	低	一般	＋＋
	31J	很好	轻微	小	很好	中等	中等	较高	很好	＋
	PVB	很差	轻微	小	很好	较低	较低	较高	很好	＋
兵马俑遗址	500E	一般	明显	大	一般	好	好	低	一般	＋
	31J	较差	轻微	小	很差	中等	中等	较高	较差	－
	PVB	很差	轻微	小	较差	较低	较低	较高	很差	－

综合上述实验结果可知，三种加固保护材料对于处理四个红烧土遗址样品都起到了明显提高强度的作用。

500E材料处理四个遗址的红烧土样品不仅渗透性能好，而且处理样品固化后能极大提高样品的机械性能，使样品具备较强的耐水、耐盐、耐冻融等能力，但该材料加固效率较低，对样品的外观颜色和孔隙率改变较大，因此可以作为这四个红烧土遗址加固保护的后备使用材料。

31J材料处理牛河梁遗址不同温度下的红烧土样品不仅渗透性好，在样品内部分布均匀，加固效率高，而且处理样品固化后外观颜色、孔隙率基本没有变化，使样品具备较强的耐水、耐冻融等能力，因此适宜作为牛河梁遗址红烧土的加固保护材料。浓度为2%的31J材料多次加固含盐量较高的红烧土样品固化后，不仅具有很好的透气透水性，还有很强的耐盐破坏能力，可以作为大河村遗址和钧窑遗址的加固保护材料使用，但是建议加固后进行脱盐处理，以避免可溶盐结晶破坏。

PVB材料由于渗透性较差，在样品内部分布不均匀，并且固化后会在样品表面形成一层致密的膜，阻碍了样品的透气性，不适合作为红烧土加固保护材料使用。

5.4.2 讨论

1. 兵马俑遗址红烧土样品密度较大，使得3种材料的渗透性能都相对较差，材料进入样品内部较少，分布也不均匀，是3种加固保护材料处理后效果不太明显的直接原因。

2. 提高31J的使用浓度或者以同一浓度多次加固处理样品，可以有效提高加固保护效果，尤其针对可溶盐含量较高的大河村遗址和钧窑遗址，多次处理后能明显改善样品的耐可溶盐破坏能力。

第六章
现场实验

现场实验的目的是为了检验保护材料在现场环境中处理样品的保护效果，探索施工工艺。根据实验室实验的结果，选择浓度为1∶1的500E材料和浓度为2%的31J材料，2010年9月20日在大河村遗址进行现场实验，2021年7月15日在南阳黄山遗址进行现场实验。环境条件为：温度25℃左右，空气相对湿度85%左右。

一、实验方法

1. 大河村遗址现场实验

选择四块从探沟发掘出的与遗址相似的红烧土块，烘干后分成两组，分别用浓度为1∶1的500E和2%的31J材料进行加固，由于红烧土块大小不一，因此材料用量也不相同，加固过程中确保材料完全渗透样品，待加固处理完成后，将样品分别放在遗址北部相对干燥的地方和潮湿的窖穴内（图6-1）。

图6-1　大河村遗址现场实验

2. 南阳黄山遗址现场实验

采用浓度为2%的31J材料加固出现风化酥粉病害的F2房基，胶头滴管吸取材料滴加在遗址表面慢慢渗透（图6-2）。

图6-2 南阳黄山遗址现场实验

二、效果检验

八个月后将实验样品带回实验室进行检验耐水、耐冻融和耐可溶盐破坏实验，分别经过10个循环后，没有出现明显破坏现象。

加固保护处理过的南阳黄山红烧土房基遗址强度明显增强，经过近1年的观察，墙基的风化酥粉病害发展速度明显降低。

三、实验总结

1. 通过效果检验可知，这两种材料加固保护大河村遗址的红烧土，在现场环境中固化后效果良好；浓度2%的31J材料加固保护南阳黄山遗址房基达到预期目的。

2. 如果要使用这两种加固保护材料处理大河村遗址、南阳黄山遗址或其他类似遗址，建议施工时间在温湿度较为适宜的4—5月份或者8—10月份。

3. 大河村探沟发掘出的红烧土块大都比较致密坚硬，不能代表遗址上那些处于半风化状态的红烧土；但南阳黄山遗址基本代表了风化严重的红烧土类型，保护材料处理后效果明显。

第七章
结论与讨论

我国红烧土类文物分布广泛，种类丰富，价值很高，与一般土遗址相比有着独特的病害特征。经过近十年的调查、实验与研究，基本了解了红烧土类文物的特性、病害状况、引起病害的原因以及化学保护措施的方法。在研究过程中还发现不少问题，在此进行讨论。

第一节　总　　结

通过十年的研究，本书主要对以下问题进行了深入的探讨，并获得了相关的结论。

7.1.1　对过火红烧土进行了讨论和定义

对红烧土的定义是本研究的基础，只有确定概念，才能确定研究的范围。

在研究之初，初步定义了红烧土的概念，指那些考古遗址中具有火烧特征、颜色偏红或红色的遗迹和遗物。

红烧土遗迹和遗物是土遗址的一部分，特指那些经过火烧而形成的实物遗存。这些遗迹和遗物与周围的土壤颜色有明显的差别，显示出明显的局域性或者不均匀性。人为过火的如大河村遗址，色泽整体性强，色泽比较一致；但有些遗址的过火是非故意的，而且是露天烧，过火温度不同，外观颜色不均匀。

红烧土和红陶也有明显区别：红陶是通过对泥土进行挑选淘洗，成型后烧制形成的；而红烧土的原物则处理简单，一般直接用普通的土与水混合，堆砌或者夯打形成，有些直接就是生土过火形成的。

南方地区的红土类遗址虽然带红色，但是由于其与周围的色泽接近或一致，没有火烧的痕迹，排除在外；一些遗址中间夹红土成层分布或颗粒状存在，不具备火烧的特征，也不叫红烧土。

7.1.2 调查了国内过火红烧土遗址的病害

国内的过火红烧土遗址分布广，种类多，如：早期人类用火的遗迹；从早期到后期的制陶烧瓷的窑炉；新石器时期的过火红烧土房基遗址；一些非故意形成的遗址如秦陵陪葬坑遗址；一些非人为过火形成的文物残迹如牛河梁遗址1号地点的房基墙壁和泥塑；等等。一些冶金遗址也部分具备红烧土的特性，主要是外围部分，但核心部位会琉璃化。

对几个典型的遗址进行了病害调查，如大河村、钧窑、牛河梁、兵马俑遗址等。这些遗址分布于中原、关中和东北地区，分别代表了不同类型的遗址。通过调查总结发现，病害和遗址土的特性、环境，以及展示时间有关，见表7-1。

表7-1 几个典型遗址的病害及环境状况

调查的遗址	主要病害状况				环境条件	展示与否
	粉化	生物生长	盐分结晶	垮塌、开裂		
大河村遗址	整体严重	遍布整体	遍布整体且严重	多处且严重	非常潮湿	展示
钧窑遗址	局部严重	无	窑炉内部且严重	局部且严重	非常潮湿	展示
牛河梁遗址	局部严重	无	无	无	干燥	回填
兵马俑遗址	整体严重	无	无	局部且严重	干燥	展示
汝窑遗址	局部严重	潮湿处较多	无	局部且严重	半潮湿	展示
定窑遗址	局部严重	无	无	局部且严重	干燥	展示

从表7-1可以看出，遗址的病害是和环境密切相关的，潮湿的环境遗址病害多，如大河村和钧窑遗址；潮湿且展示的时间长，容易出现微生物；处于埋藏环境的遗址不容易出现病害。这些病害基本上和土遗址的病害发生情况一致。

通过调查发现红烧土遗址的典型病害是非常容易发生粉化脱落，如大河村遗址、钧窑遗址，还有兵马俑一号坑的隔梁。这些遗址的红烧土部分在周围土粉化时粉化，周围土不粉化的时候也粉化，说明这种病害非常有特色且很严重。因此，对这种病害的原因分析和保护研究很值得进行。

7.1.3 通过分析典型遗址的红烧土样获得了相关信息

（1）过火红烧土遗址外观颜色以砖红和浅红为主，多数色泽不均匀，部分地方的红烧土中还夹杂有机物未完全燃烧留下的炭黑痕迹。

（2）红烧土的矿物组成及其相对含量很不均一，以石英为主，同时含有部分长石类，少量碳酸盐和铁的化合物等；未出现陶瓷烧结过程中系形成的莫来石成分，基本是黏土矿物。

（3）孔隙率普遍很高，接近黄土。经微观形貌观察与汞压入法测试发现，可溶盐含量较高的过火红烧土的孔隙率更大，较为酥松。过火温度高的红烧土样品比表面积小，具体数值见表7-2和表7-3。

表7-2 汞压入法测定四个遗址块状样品的孔隙率数值

样品	大河村遗址3号	钧窑遗址1号	牛河梁遗址2号	兵马俑遗址
孔隙率（%）	29.0117	34.5413	39.4253	34.7816
表观密度（g/mL）	2.3464	2.1533	2.4514	2.2804
平均孔径（nm）	226.3	186.6	125.7	132

表7-3 BET多点法测定四个遗址红烧土样品的比表面积值

样品	大河村遗址3号	钧窑遗址2号	牛河梁遗址2号	兵马俑遗址
比表面积（m^2/g）	1.70	6.81	22.60	20.02

（4）过火温度不同，表现在不同遗址的红烧土过火温度不同，相同遗址不同位置的红烧土过火温度也不相同。经实验，推测这四个遗址红烧土的过火温度大都在400℃以上。

7.1.4 通过红烧土的模拟烧制与检测分析获得相关信息

为了了解红烧土在不同过火温度下的变化和特性，采用北京昌平的次生黄土进行了模拟过火实验。将制备的土样在100—900℃的温度下分别焙烧，并分析检验样品。

（1）颜色变化。随着过火温度的升高，外观颜色由黄色→黄色中夹杂黑点→浅红→深红逐渐变化，400℃及其以下以黄色和黄色夹杂黑色为主；500℃左右土壤中的有机物质被灼烧而挥发完全，红烧土的外观颜色在500℃及其以上由浅红渐变为砖红色。

（2）重量变化。样品从100℃到900℃的烧失率依次增大，700—900℃之间烧失率增大的速度在减小。这是由于组成红烧土样品的矿物质在450—600℃之间失去大量结晶水，在这个温度范围内样品的重量损失最大。

（3）矿物变化。随着过火温度的升高，组成红烧土的矿物种类在减少。这是由于部分矿物在一定温度下发生了分解反应，例如，过火温度在600℃及以上的红烧土样品的矿物组成中没有绿泥石的存在。

（4）微观形貌变化。随着过火温度的升高，矿物颗粒的孔隙率逐渐增大，比表面积逐渐减小。

（5）强度特征。过火温度在500—900℃温度范围内的红烧土具有较好的耐水能力，700—900℃温度范围内，耐冻融能力急剧提高。机械强度和稳定性能也随过火温度的升高而增强，500—700℃之间由于石英晶型的转变，在600℃左右出现了抗压强度值的低谷。

7.1.5 通过几个遗址点样品分析和红烧土的模拟烧制研究，得出红烧土遗址及遗迹出现病害的原因

（1）由于烧成温度的不同，处在相同环境中的红烧土土质（矿物组成、孔隙率、比表面积、孔径分布等）存在差别，即这些土颗粒本身所附属的系统整体，在过火加热过程中由于过火温度的高低不同而被打破分离，从而导致它们抵御外界干扰的能力存在差别（高温条件下烧制的红烧土相对耐破坏能力较强），这是相同环境中过火的土反而比未经火烧的土破坏更为严重的主要原因。

（2）可溶盐在红烧土颗粒空隙中溶解与结晶所产生的应力，是导致红烧土遗址出现酥粉剥落病害的主要原因。

（3）处于潮湿环境中的北方红烧土遗址，由于年温差较大，冻融循环产生的应力加速了遗址粉化剥落破坏的速度。

（4）遗址所处环境中可溶盐含量的多少以及环境的潮湿度高低，是导致红烧土遗址被可溶盐破坏严重与否的重要因素。

（5）总体来说，有机物损失致使土壤团粒结构破坏、盐分烧失，在低于900℃以下过火基本不出现玻璃化等，都是遗址中的红烧土优先被破坏的原因。

7.1.6 通过加固焙烧温度为600℃昌平土的初步材料选择得出相关结论

采用普通的黄土进行了模拟过火实验，并进行了相关检测。将昌平次生黄土制成50mm×50mm圆柱形标准土样，自然干燥后放在马弗炉中在600℃温度下恒温烧制2个小时，自然冷却后取出，得到样品平均密度为1.39g/cm^3，孔隙率为44.2%。应用8种加固保护材料进行加固处理，固化后进行一系列检验，例如色差、耐水、耐盐、冻融、抗压等，综合检验效果得出结论。

（1）从外观颜色看，B72、R300和500E这3种材料加固样品后有较明显的变暗加深现象，8个月后R300和500E加固的样品颜色逐渐变淡。

（2）从渗透能力看，31J、硅溶胶、纳米二氧化硅、R300、500E和B72这6种材料渗透性对这种密度的红烧土都很好。

（3）从样品的耐冻融与耐盐析能力看，PVB、R300、500E和31J加固的样品具有

较强的耐破坏能力。

（4）综合一系列效果检验的评价结果，最终选择浓度为1∶1的500E、2%的31J和0.5%的PVB这三种材料进行深入实验。

7.1.7 通过对几个遗址点土样的加固，获得了不同的材料有不同效果的结论

具体效果见表7-4（“+”表示效果好，“–”表示效果差）。

表7-4 材料适应性选择效果的综合评价

	大河村遗址	钧窑遗址	牛河梁遗址	兵马俑遗址
500E	++	++	+	+
31J	++	++	++	–
PVB	–	–	+	––

7.1.8 材料选择的最终结论

（1）经过材料的初步选择、适应性选择和现场实验效果的综合评价得知，没有哪一种材料能够完全符合Giacomo Chiari在文献中曾提出的对土质加固剂的十二条原则要求，但500E和31J材料基本符合大部分要求，可以根据红烧土的实际状况选择使用，具体评价见表7-5。

表7-5 材料性能的综合评价

性能 材料	防水能力	透气透水性	渗透能力	颜色改变	耐盐能力	强度提高效率	黏度	价格	可再处理性	耐冻融能力	危害
500E	较强	一般	良好	大	较强	一般	低	高	一般	较强	小
31J	较强	很好	良好	极小	一般	较高	低	低	很好	一般	大

（2）对于大河村遗址和钧窑遗址等可溶盐含量较高的红烧土遗址，可以尝试先用31J材料加固，然后进行脱盐处理，根据强度提高程度的需要考虑是否再用500E材料进一步加固处理。

（3）500E材料在提高红烧土样品抗风化能力上有着明显优势，但是存在加深样品外观颜色、堵塞样品空隙、加固效率低、价格昂贵等缺点；31J材料加固红烧土样品固化后，对样品的干扰很小，具有很好的透气透水性，不妨碍再次处理，但该材料分散体系的有机溶剂是丁酮，用量很大，有较强的刺激性气味，尤其是大量使用时，存在污染环境的缺点。

7.1.9 加固机理推测

保护材料加固红烧土样品的作用机理是非常复杂的。从实验现象看，加固保护材料处理红烧土样品固化后，样品的质量、颜色、抗压强度、孔隙率、耐冻融能力、耐可溶盐破坏能力等物理性质发生了变化，这是由于材料进入样品内部后与土颗粒发生了一系列的相互作用。在总结实验效果的基础上，简单推测了500E、31J和PVB这3种材料加固保护红烧土样品的作用机理。

（1）500E材料加固红烧土的机理

A. 500E材料进入红烧土样品空隙后，分子首先吸附在土矿物颗粒的表面，部分与矿物表面的羟基反应缩水聚合，也可以与空气中的水蒸气和材料的毛细水反应，生成无机态的SiO_2胶体沉积在材料的孔隙中，形成新的胶结物质，从而使红烧土样品得以加固保护。

B. 500E材料固化后占据了土颗粒微观空隙的表面位置，使得土颗粒之间的空隙减小，样品密度增大。由于材料在表面形成一层膜，导致了光线的吸收和折射，从而导致颜色有所加深。

（2）31J材料加固红烧土机理

A. 31J材料中的阳离子表面活性剂被土体中的颗粒吸附，改变了土体颗粒的稳定性，即在水的作用下的惰性。

B. 31J材料中的聚合物颗粒吸附在矿物颗粒的表面或处于颗粒的交界处，形成层状或片状的膜，起到连接作用。这些膜对水有一定的排斥性，产生微量的拒水性，但并不妨碍水分进入孔隙。

C. 31J材料中的聚合物颗粒吸附在矿物颗粒的表面或处于颗粒的交界处，形成层状或片状的膜，并深入层状矿物的内层，通过物理或化学吸附与颗粒形成连接，这些膜使矿物颗粒之间的连接得到加强，这种加强作用是柔性的连接，使土体可以在一定程度上抵抗外力的作用而不被破坏。

D. 该材料对土体颗粒的连接作用，提高了宏观的机械强度。

E. 该材料在粘接内部颗粒的同时，又具有柔韧性，使得被黏接内部颗粒加固的土体具有一定的柔性，这种柔性是土体耐受冻融、耐受盐结晶破坏的原因。

（3）PVB材料加固红烧土机理

A. PVB材料滴加到红烧土样品后，逐渐进入孔隙内部。随着乙醇溶剂的挥发材料在土颗粒的空隙中固化后形成了一层很薄的膜，这层薄膜质量很小，具有一定的柔韧性。

B. PVB材料在固化形成薄膜的过程中会包裹部分松散的土颗粒，并且加强了土颗粒之间的黏结力，增强了样品的机械强度。由于薄膜较为致密，导致水分子无法透过，进而使得红烧土样品具有了一定的耐水、耐冻融和耐盐析能力。

C. 材料的黏度较大，妨碍了对土的渗透。例如对于空隙较小的红烧土样品渗透性就会很差，材料只能在样品表面形成薄膜。在冻融实验和耐盐析实验过程中，一旦样品内部进入水分与可溶盐，样品就会很快被破坏（例如该材料处理的兵马俑遗址样品）。

第二节 讨 论

7.2.1 一些现象的推测解释

1. 在材料选择实验过程中，发现使用500E材料加固大河村遗址600℃的加盐红烧土样品时，材料固化后样品出现了纵横开裂现象（图5-14），这可能是因为材料在可溶盐作用下固化速度加快，产生了很大张力，也可能是因为外部首先固化而内部固化时的膨胀导致外部开裂。由于不含盐的土样都未出现问题，出现破坏的原因是盐的作用，这也说明这种材料不太适宜用于加固含盐较高的红烧土。

2. 在材料针对性选择效果检验中，31J材料的耐盐实验结果是，盐分从土样中渗出，导致土样表面破坏（图5-12）。这是因为该材料处理样品固化后没有堵塞土颗粒之间的空隙，样品仍然具有良好的透气和透水性，可溶盐可以通过水分的蒸发透过土颗粒空隙迁移到样品表面而结晶。可溶盐在迁移与结晶过程中产生应力，对样品造成了破坏。针对可溶盐含量较高并且相对潮湿的红烧土遗址，可以考虑使用31J材料进行多次加固，以提高样品的机械强度，达到避免由于极高的可溶盐含量和不断变化的含水率而导致很大破坏的目的。另外，材料加固后，应尽快进行脱盐处理。

7.2.2 本研究的缺憾

1. 现场调查是获取遗址保存信息最直接、最可靠的方式。在本研究的基础上，还应尽可能地全面深入开展针对我国红烧土遗址保存状况的调查。

2. 我国境内的红烧土遗址面积大小不同，多数面积都很大，由于遗址的土质不均一，火烧的程度不均一，要想充分掌握遗址信息，在对病害进行调查和分析的取样工作时，要注意样品的选取既要有代表性又要全面。

3. 通过模拟烧制红烧土来探索土经历不同温度后的特性，是了解红烧土特性和病害原因的有效方法。通过模拟烧制，还可以发现不同土质的土过火的特性是不同的，例如：昌平的土样随着过火温度的升高，样品的机械强度在增大；而大河村的土样，过火温度升高到900℃时出现了酥粉现象。因此，为了了解某遗址的过火红烧土特性，最好能够在所要研究的遗址附近取土进行模拟烧制。

4. 土本身矿物非常复杂，在过火焙烧过程中的变化更是千奇百怪，在本研究的基础上，还需要开展更加精细的研究工作。本实验中土经历的最高温度为900℃，且温度差的间隔是100℃，略显粗糙，应在提高温度的同时，减少温度差值，以此获得更丰富的数据支撑。

5. 由于单个遗址红烧土的过火温度也不同，因此在条件允许的情况下，尽可能在一系列不同温度下模拟制备样品，作为材料选择的加固对象，这样才能与遗址状况更加接近，尤其是模拟古窑遗址红烧土样品。

6. 由于种种条件限制，现场实验和效果检验做得不够充分，同时还应开展加固保护材料老化实验。

7.2.3 红烧土遗址保护技术研究建议

1. 可溶盐含量极高的红烧土遗址，白色盐结晶不仅破坏了遗址本体，而且完全覆盖了遗址的考古信息，严重影响了遗址社会价值的充分体现，在完成本体加固之后，需要进行脱盐处理。因此，红烧土的脱盐材料、脱盐工艺以及脱盐标准有待后续研究。

2. 针对红烧土遗址中的开裂、垮塌病害以及潮湿问题，在本体加固保护的基础上，需要结合工程技术措施统一规划设计，例如：灌浆、锚固、开挖排水沟渠、搭建止水帷幕进行防渗等。

参考文献

[1] 李乃胜, 张敬国, 毛振伟, 等. 五千年前陶质建材的测试研究 [J]. 文物保护与考古科学, 2004 (2): 76-82.

[2] 李乃胜. 凌家滩红烧土遗迹建筑基础初探 [J]. 中国文物科学研究, 2008 (3): 64-66.

[3] 周双林. 土遗址防风化加固保护材料综合研究 [R]. 博士后研究工作报告, 北京大学考古文博学院, 2002: 6.

[4] 周双林, 原思训, 等. 丙烯酸树脂非水分散体在土遗址保护中的应用研究 [J]. 文物保护与考古科学, 2003 (2): 40-47.

[5] 王仁湘. 史前烧土墓与烧土坑 [N]. 中国文物报, 2001-5-23 (7).

[6] 郑州市博物馆. 郑州大河村遗址发掘报告 [J]. 考古学报, 1979 (3).

[7] 郭德维. 郑州大河村仰韶文化的房基遗址 [J]. 考古, 1973 (11).

[8] 郑州市文物考古研究所. 郑州大河村 [M]. 北京: 科学出版社, 2001.

[9] 杨育彬. 河南考古 [M]. 郑州: 中州古籍出版社, 1985: 38-45.

[10] 郑州市文物工作队, 郑州市大河村遗址博物馆. 郑州市大河村遗址1983与1987年发掘报告 [J]. 考古学报, 1996 (1).

[11] 谢遂莲. 郑州大河村遗址陈列正式开放 [J]. 中原文物， 1986 (2).

[12] 张云峰. 郑州市大河村遗址博物馆简介 [J]. 民族文化研究, 2008 (3): 44.

[13] 廖永民. 大河村遗址的发掘与研究 [J]. 中原文物, 1989 (3): 21-26.

[14] 张江凯. 河南邓州八里岗遗址发掘简报 [J]. 文物, 1998 (9).

[15] 李乃胜, 张敬国, 毛振伟, 等. 我国最早的陶质建材——凌家滩“红陶块” [J]. 建筑材料学报, 2006, 7 (2): 128.

[16] 安徽省文物考古研究所, 含山县文物管理所. 安徽省含山县凌家滩遗址第三次发掘简报 [J]. 考古, 1999 (11): 961.

[17] 中国社会科学院考古研究所, 安徽工作队蒙城县文化局. 安徽蒙城县尉迟寺遗址2003年发掘简报 [J]. 考古, 2005 (10): 867.

[18] 东方. 尉迟寺遗址 [J]. 中国矿业报, 2002 (1): 26.

[19] 符瑛. 中国原始第一村 [N]. 人民日报海外版, 2003-6-16.

[20] 湖北省屈家岭文化和石家河文化遗存 [M]// 国家文物局. 中国文物地图集: 湖北分册上. 西安: 西安地图出版社, 2002: 88.

[21] 王吉怀. 五千年前淮北地区原始农业状况: 尉迟寺聚落带来的信息 [J]. 农业考古, 1998 (1): 188.

[22] 邹逸麟. 黄淮海平原历史地理 [M]. 合肥: 安徽教育出版社, 1997: 107.

[23] 中国社会科学院考古研究所湖北队. 湖北枣阳市雕龙碑遗址15号房址 [J]. 考古, 2000 (3): 237-240.

[24] 湖北省文物考古研究所. 襄阳竹条汉代墓葬、窑址发掘 [J]. 江汉考古, 2000, 3 (1): 3-16.

[25] 罗振玉. 三代吉金文存 [M]. 北京: 中华书局, 1983: 46.

[26] 河南省文物研究所. 宝丰清凉寺汝窑址第二、三次发掘简报 [J]. 华夏考古, 1992 (3): 140.

[27] 河南省文物研究所. 宝丰清凉寺汝窑址的调查与试掘 [J]. 文物, 1989 (11).

[28] 郭木森, 赵文军, 郁红亮, 等. 宝丰清凉寺汝窑址2000年发掘简报 [J]. 文物, 2001 (11).

[29] 河南省文物研究所. 宝丰清凉寺汝窑 [M]. 郑州: 大象出版社, 2008: 19-61.

[30] 杨俊峰. 北宋钧瓷官窑遗址 [J]. 许昌师专学报, 1998, 17 (2): 128.

[31] 赵会军. 河南禹州钧窑相关问题探索 [N]. 中国文物报, 2008-2-27 (7).

[32] 河南省文物研究所. 禹州钧台窑 [M]. 郑州: 大象出版社, 2008: 11-17.

[33] 黄信. 关于定窑的分期问题 [J]. 文物世界, 2010, 10 (4): 57.

[34] 御窑遗址考古成果位列全国十大考古新发现 [J]. 景德镇陶瓷, 2004, 14 (2): 42.

[35] 景德镇御窑厂遗址保护房竣工揭牌 [J]. 景德镇陶瓷, 2007, 17 (4): 27.

[36] 伍秋鹏. 邛窑陶瓷窑具与装烧工艺初探 [J]. 四川文物, 2005 (1): 50-54.

[37] 黄晓枫. 从考古发现看邛窑的文化特征 [J]. 成都文物, 2007 (2): 28-32.

[38] 牛河梁文化遗存: 将中华文明史推进到5000年前 [J]. 中国地名, 2009 (2): 12.

[39] 邱凌. 牛河梁女神庙保护工程竣工 [N]. 朝阳日报, 2010-1-1 (2).

[40] 辽宁省文物考古研究所. 辽宁牛河梁红山文化"女神庙"与积石冢群发掘简报 [J]. 文物, 1986 (8): 1-24.

[41] 程学华, 王育龙. 秦始皇帝陵陪葬坑综述 [J]. 考古与文物, 1998 (1).

[42] 程学华. 秦陵、秦俑研究中的几个问题 [J]. 考古与文物, 1988 (2).

[43] 孟昭秦, 张工会. 陕西临潼兵马俑一号坑考古地质研究 [J]. 地质与勘探, 1992, 28 (5): 31.

[44] 张志军. 秦始皇兵马俑文物保护研究 [M]. 西安: 陕西人民教育出版社, 1998: 106-110.

[45] 陕西省考古研究所, 始皇陵秦俑坑考古发掘队. 秦始皇陵兵马俑坑一号坑发掘报告

(1974—1984) 上 [M]. 北京: 文物出版社, 1989: 13-45.
[46] 甲胄藏千年一出天地惊: 秦始皇陵园发现大型铠甲坑 [J]. 文博, 1999 (5): 3.
[47] 国家文物局泰安培训中心. 全国文物科技管理干部研讨班讲义 [Z]. 泰安: 国家文物局泰安培训中心, 1991: 85-86.
[48] 陈洪起, 赵杏媛. 一种定最测定粘土矿物的X射线衍射方法 [J]. 矿物岩石, 1989, 9 (4): 91.
[49] 杨雅秀. 绿泥石族矿物热学性质的研究 [J]. 矿物学报, 1992, 12 (1): 26.
[50] 周双林. 文物加固过程中树脂反迁研究 [J]. 文物保护与考古科学, 2003 (1): 41-48.
[51] 周忠华. 硬质陶器低温烧成的研究 [J]. 江苏陶瓷, 2007, 40 (4): 11-13.
[52] 于天仁. 土壤化学原理 [M]. 北京: 科学出版社, 1987: 152-162.
[53] 中华人民共和国交通部. 中华人民共和国行业标准JTJ054-94: 公路工程石料试验规程 [S]. 北京: 人民交通出版社, 1995: 20-22.
[54] 刘振海, 畠山立子. 分析化学手册: 第六分册 [M]. 北京: 化学工业出版社, 1994: 8-11.
[55] 西北农业大学. 土壤学 (北方本) [M]. 西安: 农业出版社, 1996: 121-127.
[56] 西北轻工业学院, 等. 陶瓷工艺学 [M]. 北京: 轻工业出版社, 1993: 15-29.
[57] 殷念祖, 等. 烧结砖瓦工艺 [M]. 北京: 中国建筑工业出版社, 1988: 532-556.
[58] 江苏省宜兴陶瓷工业学校. 陶瓷工艺学 [M]. 北京: 轻工业出版社, 1987: 354-370.
[59] M. Laurenzi Tabasso. 文物保护与科学 [J]. 杨军昌, 黄继忠. 译. 1996, 8 (1): 55-63.
[60] H. 韦伯尔. 有机硅在建筑保护中的应用 [Z]. 德国瓦克公司技术讲座, 1998.
[61] 梁尉英, 李最雄. 石窟保护论文集 [C]. 兰州: 甘肃民族出版社, 1994: 18.
[62] 袁传勋. PVAc 和PVB改性硅溶胶加固保护陶质文物的研究 [J]. 文物保护与考古科学, 2003, 15 (1): 12-21.
[63] Clifton J R, Godette M. Performance tests for stone consolidants [C]// K L Gauri, J A Gwinn. 4th Internation Congress Deterrioration and Preservation of Stone Objects. Louisville, Ky., 1982: 101-108.
[64] The-Duong Nguyen, FekriMeftah, RabihChammas, et al. The behaviour of masonry walls subjected to fire: Modelling and parametrical studies in the case of hollow burnt-clay bricks [J]. Fire Safety Journal, 2009, 44: 629-641.
[65] A I R Herries, M Kovachevab, M Kostadinova b et al. Archaeo-directional and -intensity data from burnt structures at the Thracian site of Halka Bunar (Bulgaria): The effect of magneticmineralogy, temperature and atmosphere of heating in antiquity [J]. Physics of the Earth and Planetary Interiors, 2007, 162: 199-216.

[66] Amer Ali Al-Rawas, Abdel Wahid Hago. Evaluation of field and laboratory produced burnt clay pozzolans [J]. Applied Clay Science, 2006, 31: 29-35.

[67] Laurent Mbumbia, Albert Mertens de Wilmarsa, Jacques Tirlocq. Performance characteristics of lateritic soil bricks fired at low temperatures: a case study of Cameroon [J]. Construction and Building Materials, 2000, 14: 121-131.

[68] C Beatrice, M Coısson, E Ferrara, et al. Relevance of magnetic properties for the characterisation of burntclays and archaeological tiles [J]. Physics and Chemistry of the Earth, 2008, 33: 458-464.

[69] Carolina Boix Fayos. The roles of texture and structure in the water retention capacity of burnt Mediterranean soils with varying rainfall [J]. Catena, 1997, 31: 219-236.

[70] J Notario del Pino, I Dorta Almenar, A Rodriguez, et al. Analysis of the 1: 5 soil: water extract in burnt soils to evaluate fire severity [J]. Catena, 2008, 74: 246-255.

[71] Tiano P, L Addadi, S Weiner. Stone reinforcement by induction of calcite crystals using organic matrix macromolecules. Feasibility study [C]// 7th International Congress on Deterioration and Conservation of Stone. Lisbon: Laboratorio Nacional de Engenharia Civil, 1992: 1317-1326.

[72] Price C A Stone conservation: an overview of current research [M]. Santa Monica, Calif.: Getty Conservation Institute, 1996: 8.

[73] Lewin S Z, N S Baer. Rationale of the barium hydroxide-urea treatment of decayed stone [J]. Studies in Conservation 1974, 19: 24-35.

[74] Marisa Laurenzi Tabasso. Acrylic Polymers for the Conservation of Stone: Advantages and Drawbacks [J]. APT Bulletin, Preservation of Historic Masonry 1995, 26(4): 17-21.

[75] Jane L Down. The Yellowing of Epoxy Resin Adhesives: Report on Natural Dark Aging [J]. Studies in Conservation, 1984, 29(2): 63-76.

[76] Selwitz C M. Epoxy Resins in Stone Conservation [M]. Research in Conservation.

[77] Marina del Rey: Getty Conservation Institute, 1992.

[78] Helmut Weber. Conservation and Restoration of Natural Stone in Europe [J]. Bulletin of the Association for Preservation Technology, 1985, 17(2): 15-17.

后　记

2008年9月，我有幸师从北京大学考古文博学院周双林教授攻读硕士学位，从事土遗址保护方面的学习研究，受周老师“在调查中开阔学术研究思路”的熏陶，我经常到考古发掘工地、室内或室外土遗址保护现场参观学习。2010年3月，一次偶然的机会到访郑州大河村遗址博物馆，当我看到经历了5000多年的时代变迁，保存1米多高的红烧土房基依然屹立于此，“三室一厅”的房屋格局一目了然时，深深地被古人高超的建筑智慧所折服！从那时起，我便对红烧土这一特殊的土遗址产生了极大的研究兴趣，先后实地调查了钧窑遗址、汝窑遗址、兵马俑遗址、牛河梁遗址、二道井子遗址、南阳黄山遗址等，并在学习和工作中逐步开展了一些有关红烧土自身性能特征、加固保护材料筛选等研究工作，取得了一点点成果。

《红烧土遗址保护技术研究初探》这本书是我对自2010年至2021年期间相关研究成果的梳理、凝练与总结。在此期间还发表了《过火考古土遗址理化性能与其过火温度的关系》《几个红烧土遗址过火温度的科学推断》等几篇拙文，希望这些内容能够为从事红烧土遗址研究的读者起到抛砖引玉的作用，更渴望能够为相关的考古发掘与文物保护工作者提供点滴参考。由于本人知识浅薄、才疏学浅、能力有限，在研究过程中难免存在不少疏漏和谬误，在此欢迎各位读者批评指正。

在这些研究成果取得的过程中，离不开恩师周双林教授对我的谆谆教诲和细心关怀，感谢他在本研究过程的遗址调研、样品获取、照片拍摄、实验设计等给予的宝贵建议和帮助；离不开单位领导陈家昌院长的无私帮助和全力支持，感谢他在我自主课题设立时提出的新颖观点，使我的研究内容更加完善；感谢与我朝夕相处的单位同事唐静、王鑫光、崔新战、赵晟伟等对我日常工作的帮助与支持，是他们创造了轻松和谐的工作氛围，使我在本研究过程中不仅取得了点滴成果，更是收获了同事间真诚的友谊！感谢李艳红同事逐字逐句地帮我对文中错别字的修改，减免了书中的瑕疵；感谢科学出版社闫广宇同志对整个书稿的排版与校对，使得本研究成果能够早日出版。

感谢复旦大学王金华教授在疫情封控隔离期间，不辞辛苦，不嫌拙文浅陋，为本书提序。王老师前沿而精髓的学术造诣，严谨勤奋的治学态度，令我敬佩！这将激励着我在今后的科研道路上更加刻苦努力。

感谢本单位南阳黄山遗址考古领队马俊才老师、大河村遗址博物馆原馆长李建和、秦始皇兵马俑博物馆原馆长曹伟和徐卫红老师、辽宁省朝阳市文化局原局长孟昭凯为我提供取样与现场实验的便利。

最后还要感谢任劳任怨的妻子，为了我能够潜心开展研究、继续深造，她既要工作、打理家务，还得照料两个年幼的孩子，付出了她所有的心血与汗水！感谢年近八十的母亲，虽然已无力再帮我什么，但一直还在为我的博士学习与生活而操心，这种儿行千里母担忧的牵挂，永远是我行旅中的明灯。

诚挚感谢所有关心、帮助与支持我的老师、领导、同事、朋友和亲人！正是你们无限的付出与无私的厚爱，给予了我生活和学习的动力，牵引着我在人生和科学道路上勇往直前！

闫海涛

2022年11月10日于上海